韦羽 ◎ 著

图说广东天主教

Pictorial handbook of Guangdong Catholicism

广东省民族宗教研究院

"图说广东民族与宗教"书系

宗教文化出版社

图书在版编目（CIP）数据

图说广东天主教 / 韦羽著 . — 北京：宗教文化出版社，2022.3

ISBN 978-7-5188-1245-5

Ⅰ . ①图… Ⅱ . ①韦… Ⅲ . ①罗马公教－基督教史－史料－广东 Ⅳ . ① B979.2

中国版本图书馆 CIP 数据核字（2022）第 039794 号

图说广东天主教

韦羽　著

出版发行： 宗教文化出版社

地　　址： 北京市西城区后海北沿 44 号（100009）

电　　话： 64095215（发行部）　64095209（编辑部）

责任编辑： 兰菲菲

版式设计： 贺　兵

印　　刷： 河北信瑞彩印刷有限公司

版本记录： 787×1092 毫米 12 开　13 印张　200 千字

　　　　　　2022 年 3 月第 1 版　2022 年 3 月第 1 次印刷

书　　号： ISBN 978-7-5188-1245-5

定　　价： 238.00 元

目　录

历史、源流与现状

—

天主教在历史上曾经三次传入中国。

16世纪中叶以后，世界进入了一个新的时代，天主教的传播也随之发生变化。在欧洲，大航海时代的到来以及宗教改革运动使得更多的传教士走向了海外；在中国，明朝廷对海禁则是愈禁愈严，随后明清朝代更替，时局动荡。正是在这种复杂而激烈的变革中，天主教第三次传入中国这片古老的大地，进入那些景仰和敬畏天主的人们心中。

广东，作为"海上丝绸之路"的交通枢纽，亦因此成为天主教最先传入的地区，同时也成为天主教活动的重要区域与传播通道。明嘉靖三十年（1551）十二月，西班牙籍耶稣会传教士方济各·沙勿略（Francisco Javier）从日本乘船抵达广东台山的上川岛，但计划受阻而无法采取进一步行动。次年八月沙勿略再次来到上川岛，成为第一位进入广东传教的西方传教士，然而却因海禁不能名正言顺进入中国内地。沙勿略在上川岛上身患重病，于当年底在岛上去世。沙勿略根据自己在日本和马六甲等地传教的经验，提出了"适应"政策，并为利玛窦等西方传教士所遵循和发展。嘉靖三十四年（1555），葡萄牙籍耶稣会传教士巴雷托（Melchior Nunez Barrets）抵达台山上川岛，后两次去广州，成为天主教第三次入华过程中，首位得到官方许可进入中国内地的西方传教士。1568年，葡萄牙籍耶稣会士黎伯腊（Jean-Baptiste Ribeyra），尝试各种渠道进入内地皆以失败告终。1575年，葡萄牙籍耶稣会士魏安东（Antonio Vaz）、达科斯塔（Cristovaa da Costa）曾先后到过广州，但为时不久。1580年，西班牙籍耶稣会士桑切斯（Alonso Sanchez）神父及其同伴由福建进入广州。

万历十年（1582）是一个重要的转折点。这一年，意大利籍耶稣会士罗明坚（Michaele Ruggieri）与范巴济（Francisco Pires）来到广州。次年，罗明坚偕同利玛窦、范巴济等人正式移居肇庆，受到肇庆知府王泮的礼遇，动工修建一间简易寓所和教堂，于万历十三年（1585）竣工，取名"仙花寺"，这是中国内地的第一个天主教传教会所。万历十七年（1589），利玛窦离开肇庆迁往韶州，以韶州为中心开展传教活动，天主教传入南雄、清远、英德等地。

此后，意大利籍耶稣会传教士郭居静（Lazaro Cattaneo）、石方西（François de Petris）、龙华民（Nicolas Longobardi）、葡萄牙籍传教士麦安东（Antoine d'Almeyda）、孟三德（Edouard de Sande）、罗如望（Joao de Rocha）、费奇规（Gaspard Ferreira）、阳玛诺（Emmanuel Diaz Junior）等人先后到韶州传教。两广总督刘节斋行文韶州府，在府城河西靖村划出一块官地建造天主教堂。万历三十一年（1603），教堂和住宅建成。到万历三十四年（1606），发展教徒800多人，而当时全国教徒人数才2500人，广东约占全国三分之一。

明万历四十四年（1616），发生了全国性教案"南京教案"，广东地区也深受影响。其后30年间是广东天主教的衰落时期。这主要有两方面的原因：首先，随着天主教从广东传入南昌、南京甚至北京等地，广东作为天主教传播中心的地位明显下降，传教人力和资源不断被抽调北上至内陆其他地区。同时海外资助也严重不足。其二，各种大小教案的发生，严重影响到天主教在广东的正常传播与发展。利玛窦在世时已基本成功将北京作为全国传教中心，后龙华民将重心转移至南京，盲目扩大传教规模。龙华明也因此改变了利玛窦所奉行的本土化传教方针，由此加剧天主教与中国传统文化以及其他宗教、社会上层阶层的冲突与矛盾，亦成为南京教案的导火索，广东地区也深受影响。此次教案中，明朝政府抓捕涉案人员中，有4位广东人，其中修士钟鸣仁、钟鸣礼兄弟及其书童蔡思命，3人都是新会人。次年，庞迪我、熊三拔等西方传教士被押解至广州禁闭，明朝第一次宣布禁止天主教在中国传播。

二

清初，尤其顺治中后期（即顺治八年至顺治十八年，1651–1661），西方传教士汤若望（Johann Adam Schall von Bell）、南怀仁（Ferdinand Verbiest）等人得到清统治者信任，任职钦天监，天主教在中国迅速传播，以广东为通道入华的传教士也增多。顺治七年（1650），多明我会西班牙籍传教士到粤东澄海盐灶乡传教，天主教传入汕头地区。至康熙四年（1664），广州、佛山、清远、潮州等地均建有教堂，不少传教士还涌入海南地区传教。

康熙三年（1663），"杨光先教案"爆发，由此全国范围内掀起了一场大规模禁教运动。清廷以图谋不轨、邪说惑人等罪名，将汤若望革职并逮捕，各省督抚奉旨拘押传教士30人。除被拘捕的传教士外，次年七月，其中25人被遣回广东，交湖广总督看管，被圈禁在广州城内的老耶稣会堂之内，不准出城，不准传教。这些脱离了各自教区被集中拘押在广州的传教士们，召开了"广州会议"，以期使不同修会的传教士对中国礼仪和传教方法等达成一致意见。康熙九年（1670），汤若望被平反，清廷释放了拘禁在广州的外国传教士。

康熙二十三年（1684），法国巴黎外方传教会创始人陆方济（François Pallu）和另一传教士伊大仁（Bernardinus della Chiesa）抵华，陆方济住福建，伊大仁住广州。巴黎外方传教会开始在广州地区传教。次年，罗马教廷委任第一位中国籍主教罗文藻，在广州由伊大仁为其祝圣。据汤开建教授研究统计，到康熙四十年（1701），广东天主教有耶稣会、巴黎外方传教会、方济各会、奥斯定会等4大修会，有住院11处，教堂11座，教士21人。至1734年，仅巴黎外方传教会在南海、番禺、增城、顺德、始兴、韶州、曲江、仁化、乐昌等地建有教堂。

其时，在华传教士围绕是否禁止中国礼仪这一问题发生争论。康熙五十六年（1717）广东碣石镇总兵陈昂奏请将天主堂改为公庙，驱逐传教士出境等。次年，两广总督杨琳又上疏朝廷支持陈昂的奏请，并获康熙皇帝批准。清朝廷的天主教政策发生变化，逐渐由此前的宽容接纳过渡到严厉禁教。然而，禁教令并没有完全遏制天主教在广东传播。康熙六十年（1721），西班牙籍多明我会传教士由澳门到惠来葵潭石门坑村传教。康熙六十一年（1722），客居澳门的天主教徒何七返回家乡始兴县方洞村，随行有法籍武神父，两人在方洞建立天主堂，该村村民300多人几乎全部加入天主教，成为教徒村。

雍正皇帝继位后便开始了一系列驱赶传教士的操作，导致传教士以更隐蔽的形式在民间和社会底层进行传教。广州也成为雍正初年禁教时安插传教士的地方。然而大量的传教士被遣送到广州，反而极大地促进了天主教在广东的传播与发展。仅以广州为例，康熙三十八年（1699）仅有教堂7座，到雍正十年（1732）发展至男女教堂共16所。鉴于此，雍正十年（1731），两广总督鄂弥达、广东巡抚杨永斌得雍正帝批准，将留居广州的30名传教士驱逐到澳门，广州天主教堂完全被关闭。雍正禁教成为清代天主教在华传播的重要转折点。

嘉庆年间，朝廷对取缔天主教愈发严厉，从遵循旧例到形成成文条例对习教者予以治罪。这是清代对天主教管治政策的重大变化。不过，19世纪开始法国传教士尤其以巴黎外方传教会传教士为代表，在广东仍多有传教。整个19世纪共有123位传教士先后来到广东进行传教，逐步建立起传教会口，遍布粤东、粤西和粤北地区，也为20世纪初汕头教区、韶州教区、江门教区和嘉应教区格局的形成奠定了基础。嘉庆六年（1801），泰国归侨、揭阳下洋人"邹前圣母"（真名无考）到今陆河东坑镇墩下村居住传教。嘉庆二十五年（1820），法国传教士石坚基在揭西县的河婆、大洋等地传教。咸丰五年（1855），法籍彭神父（André Bernon）在潮州山区地带建立了多个会口。光绪二十一年（1895），谢神父（Etienne Cellard）被派往雷州半岛圣三教堂。天主教在广东的迅速传播曾引起部分地区民众的反抗。在19世纪下半叶，广东地区曾发生各类教案约40起，其中尤以光绪二十四年（1898）的柏塘教案为最。其时，在博罗县公庄和上塘村传教的法籍传教士伸德辉

（Sarde Chanes）包揽诉讼，引起群众愤怒，伸德辉及当地13名教徒被打死，清政府捕杀涉事群众七八十人，影响极大。

三

鸦片战争以后，西方传教士凭借不平等条约与殖民主义的武力保护，在广东大规模传教。广东天主教最初属于澳门教区。道光二十八年（1848），罗马教廷应巴黎外方传教会的要求，宣布把广东、广西的教务从澳门教区划出，设置粤桂监牧区，但是遭到葡萄牙的抵制。直到咸丰八年（1858），澳门教区才正式将两广教务移交巴黎外方传教会（M.E.P）接管。同治九年（1864），罗马教廷把粤桂监牧区所属的海南岛、香山县（今中山市）、肇庆等西江12县重新划归澳门教区，把新安（宝安）、归善（惠州）、海丰三县划归香港教区。除大埔、蕉岭、平远、兴宁、五华、龙川、连平、和平外，广东其余地方都归粤桂监牧区管辖。1875年粤桂监牧区分为广东监牧区和广西监牧区，明稽章（Philipp Zephrin Guillemin，1856–1886）成为广东监牧区第一任宗座监牧。1914年广东监牧区升格并分设为广州代牧区和潮州代牧区。1946年广州代牧区升格为广州总教区，下辖增城、龙门、新丰、博罗、惠阳、东莞、清远、紫金、河源、南海、顺德、从化、花县、番禺、广州等15个县市教务。历任监牧、代牧、主教有明稽章、邵斯（AugusteChausse，1886–1900）、梅致远（Joannes M.Merel，1901–1914）、实茂芳（Adulfus Rayssac，1915–1916以潮州代牧身份署理广州）、光若翰（Jean-Baptiste Marie Budes de Guébriant，1916–1921）、魏畅茂（Antoine-Pierre-Jean Fourquet，1923–1947）、祝福（Deswaziese，1948–1951，以北海教区主教身份署理广州）。据研究统计，至1949年，广州教区有教堂148间，神职人员58人，其中教区司铎44人，会籍司铎14人，共有信徒2万余人。

同治三年（1864），佛山天主教会也从澳门教区划归粤桂监牧区。

道光二十五年（1845）以后，大批法籍传教士进入广东，深入到今日的陆河、雷州、澄海、梅县、紫金、揭阳白塔、下拢、汕头市区、兴宁赤沙岭，五华长布源潭、棉洋北斗寨、蕉岭圣堂村、海康纪家镇迈特村、圣三村（今先锋村）、廉江山寮、北海、化州龙窝、英德浛洸、桥头、大镇、沙口、望埠、侧塘、连江口、水边、大洞等地建立教堂，开展传教活动。

与此同时，意大利、葡萄牙、西班牙等国的天主教修会也纷纷派人到广东传教。同治九年（1870），澳门教区神父陈做贤在佛山市彩阳设立教堂。同治十三年（1874）后，意大利籍神父在惠州府城、平山、潭水，惠阳水口镇一条龙村、仍东村，新安县（今深圳市）南头城、横岗等地创建教堂，建立传教区。光绪三年（1877），梁子馨神父在海丰蔡厝围村、汕尾得记围村设立祈祷所。光绪六年（1880）香港教区石类思神父在汕尾东涌潮前村建立教堂。光绪十四年（1888），西班牙传教士曾到饶平县黄冈、南澳一带传教。

光绪十年（1884）中法战争爆发。为反对法国侵略，广东各地爆发反教风潮。从八月到十月，清远、广州、顺德、东莞、南海、番禺、博罗、遂溪、海康、河源、南雄、龙门、新宁、龙川、高要、嘉应、潮州、普宁、茂名、陆丰、揭阳、澄海、丰顺、兴宁等地普遍发生烧毁教堂、哄抢教堂及教民财产、驱逐或杀死传教士的事件，有十几间教堂被烧毁。中法战争结束后，天主教在广东继续传播。法籍传教士在紫金黄塘腊石、高州南湖塘村、广州湾（今湛江赤坎、霞山、坡头）阳江江城等地创建教堂，扩大传教范围。

光绪二十一年（1895），广州教区在今广州市一德路旧部前创办圣方济各修院。光绪二十八年（1902），广州教区中国籍教徒发起成立中华无原罪女修会。光绪三十四年（1908），天主教美国玛利诺外方传教会派遣传教士波拉斯（Thomas Frederick Price）、华理柱（James Edward Walsh）、福尔德（Francis Xavier Ford）和奕猷（Benard）到广州，与广州、澳门教区磋商，划出江门、阳江、台山、新会、梅县为该会传教地域。同时，该会派传教士到江门、郁南、罗定、云浮等地传教。

四

民国三年（1914），广东代牧区分为广州代牧区和潮州代牧区。次年8月，潮州代牧区更名为汕头代牧区，1946年4月升格为汕头教区。同样由法国巴黎外方传教会管理，管辖汕头、潮安、潮阳、揭阳、饶平、惠来、澄海、普宁、陆丰、南澳及兴梅、东江一带17个县市，法籍传教士实芳茂任第一任宗座代牧，之后由和敬谦（Carl Vogel，1935–1952）接任。

民国七年（1918），巴黎外方传教会接受意大利慈幼会（S.D.B.）前往粤北传教。至民国九年（1920），罗马教廷下令将粤北地区从广州代牧区划出，设立韶关代牧区，管辖今韶关、南雄、始兴、仁化、阳山、英德、乐昌、连县、翁源、曲江等11个市县。至1946年4月升格为韶州教区。

民国十三年（1923），天主教江门监牧区从广州代牧区分出，由美国玛利诺外方传教会（M.M.）管理，主教座堂先设在阳江，后迁往江门。1927年2月升格为江门代牧区，1946年4月升格为江门教区，管辖江门、新会、赤溪、台山、阳江、信宜、茂名、化县、罗定、郁南、云浮和电白等12个县市教务。历任监牧、代牧和主教有华理柱和阿道夫·柏增（Adolph John Paschang）。

民国十八年（1927），罗马教廷从广州代牧区分设海南自治区，由法国双圣心会（SS.CC.）管理，管辖海南岛海口、文昌、定昌、澄迈、琼海、崖县等市县天主教会。1936年5月升格为海南监牧区。余礼灼（Paulus Juliotte）、德文彬（Dominicus Desperben）先后担任过监牧。

民国九年（1920），罗马教廷从广州代牧区分设粤西及海南监牧区，仍由巴黎外方传教会管辖，主教府最初设在现今的湛江市，后迁往现今广西北海，1924年12月更名为北海代牧区，1946年4月升格为北海教区，管辖范围包括北海、灵山、防城、合浦、钦县、湛江、海康、遂溪、廉江、梅菉等地。历任代牧和主教有俄永垂（Augustus Gauthier）、祝福。

民国十八年（1929），罗马教廷将原属于法国巴黎外方传教会管辖的兴梅教会划归美国玛利诺外方传教会，设立嘉应监牧区，管辖今梅县、兴宁、五华、蕉岭、平远、大埔、龙川、和平、连平等地教务。1935年6月升格为嘉应代牧区，1946年4月升格为嘉应教区，福尔德曾历任监牧、代牧和主教。

民国三十五年（1946），罗马教廷在中国建立圣统制，设立12个教省，79个主教区，38个监牧区，计137个教区。每个教省设一总主教。广州教区升格为总主教区后，管辖广州、海南、香港、澳门、嘉应、江门、北海、南韶连、汕头等教区。韶关教区改名为南韶连教区。至1949年，广东有广州、江门、汕头、嘉应、北海、南韶连、海南监牧区及香港、澳门等9大教区，教堂544间（不包括香港、澳门），教徒15万余。

五

1949年前后，广东天主教形势发生重大变化，外国修会纷纷撤走。1950年11月30日，四川广元神父王良佐及教徒500余人签名发表自理革新宣言，即《广元宣言》，主张与帝国主义割断各方面联系，建立自治、自养、自传的新教会，得到全国各地广大天主教徒的热烈响应。12月13日，广州市基督教、天主教教会所属学校、团体、医院等5万人举行反美爱国示威游行。1951年，广州、汕头、韶关相继成立天主教三自革新爱国运动临时筹委会。至1957年，广州、汕头、韶关、海口、肇庆、北海6市都建立了天主教爱国组织。1958年3月，广州市天主教友爱国会正式成立。广州教区选出陈亦新副主教为正权主教（未祝圣和未履任），韶关教区选出夏学谦为主教，北海教区选出林振芳为主教，江门教区选举康应年为主教。同年6月13至21日，省内天主教友代表会议在广州召开，正式成立广东省天主教友爱国会，各教区自选主教。会议决定将原属于澳门教区的肇庆地区、中山县、高明县划入江门教区。将原属于香港教区的地区划出单独设立惠阳教区，叶荫芸神父任主教。1962年，夏学谦主教、叶荫芸主教在北京南堂由皮漱石总主教祝圣，成为省内第一批自选自圣的主教。

1966年"文化大革命"开始后，全省天主教教堂全部停止了宗教活动。1978年12月，中共中央十一届三中全会后，拨乱反正，党和政府恢复实行宗教信仰自由政策。1979年10月15日，广州石室天主堂重新开放。此后，各地相继恢复开放一批天主教活动场所，成立天主教爱国组织，开展自选自圣主教、兴办修院等教务活动。1981年9月，江门天主教举行第一次代表会议，推选出李磐石为教区主教，同时成立该市天主教爱国会。9月21日，广东省第三次天主教代表会议在广州举行，会议决定将惠阳教区合并到广州教区，同时选举原惠阳教区主教叶荫芸为合并后的广州教区主教，将嘉应教区改为梅县教区。

1983年，省天主教爱国会第三届委员会和第一届教务委员会第一次联席会议决定，将肇庆地区、佛山市、江门市天主教会组织合并为江门教区。1985年后，湛江市、潮州市、阳江市、梅州市、肇庆市先后成立天主教爱国会和教务委员会。1990年省天主教"两会"决定成立湛江教区。1994年3月，对部分教区重新调整，原江门教区所辖的茂名市教务工作划归湛江教区管理。1995年3月19日，湛江教区正式成立，陈除神父被推选为首任主教并在霞山天主堂祝圣。目前广东五大教区的现任主教全部是在21世纪初期晋牧的：

2003年9月26日，廖宏清祝圣为梅州教区主教。

2004年11月9日，苏永大祝圣为湛江教区主教。

2007年12月4日，甘俊邱祝圣为广州教区主教。

2011年3月30日，梁建森祝圣为江门教区主教。

2011年7月14日，黄炳章祝圣为汕头教区主教。

此外，深圳市目前并不隶属于任何一个教区。在历史上深圳曾属于香港教区管辖。特区成立后，深圳成为新兴移民城市，信徒人数也随之增加。1994年10月正式成立了深圳市天主教爱国会，2018年又成立了深圳市天主教教务委员会。

在坚持独立自主、自办教会原则下，广东天主教界积极发展与世界各国天主教会的友好往来。在20世纪八九十年代，全省天主教界每年接待来自世界各地的友好宗教团体和人士达几十批，数百人次。进入21世纪以后，广东天主教界仍保持良好对外交流关系，例如，2012年2月德国总理默克尔参观访问广州教区主教座堂石室耶稣圣心堂；2014年11月，韩国天主教大邱教区曹焕吉大主教参访广州教区，等等。

六

近年来，广东天主教界在广东省天主教爱国会、广东省天主教教务委员会带领下，坚持宗教中国化方向和途径，坚持独立自主自办原则，走与社会主义社会相适应的道路。广东天主教界通过加强思想政治引领，制定宗教中国化五年规划，加强爱国团体建设，弘扬中华优秀传统文化，开展中国化方向研讨会，推进"四进"宗教活动场所，开展宗教政策法规学习月和反邪教宣传周活动，加强宗教人才培养及社会服务等举措，在天主教中国化方面积累了新的经验，取得了新的成果，形成新的行动方案，稳步推进了新时代广东天主教的健康发展。

加强思想政治引领，不断提高政治站位。通过组织广东省内天主教教职人员及信徒骨干参加各类学习培训研讨活动、组织省内基层爱国会负责人开展爱国主义教育、举办修女培训班（十八期）、每年组织全省执事修生到省内外爱国主义教育基地考察学习等活动形式，进一步弘扬爱国主义情怀,增强民族自豪感。通过深入开展爱国主义教育，进一步增强广东天主教界对中国共产党的认同、对伟大祖国的认同、对中华民族的认同、对中华文化的认同、对中国特色社会主义的认同，更加自觉地接受党的领导，更加自觉地走与社会主义社会相适应的道路。

制定五年规划，稳步推进广东省天主教中国化建设。在中国天主教"一会一团"及广东省民族宗教事务委员会指导下，广东省天主教"两会"于2018年率先制定了《推进广东省天主教中国化工作五年发展规划》，明确了天主教中国化工作的指导思想、实施步骤及工作要求，并与广东省民族宗教研究院就五年规划实施和合作交流等问题进行探讨，为天主教中国化建设提供了专业学术研究和专业人才配备。通过举办天主教中国化专栏图片展，定期组织学习会、讲座及座谈会等形式，确保天主教中国化工作的正确发展方向。为响应中国天主教"一会一团"号召，广东天主教界开展"纪念中国人民抗日战争暨世界反法西斯战争胜利73周年"和平祈祷活动；2019年以建国70周年为契机，广东全省天主教教堂举行"升国旗，唱国歌，为祖国祈福"活动；在全省天主教界开展"反邪教、促和谐、迎大庆"系列活动，以上这些活动有序推进了广东天主教中国化方向的工作。

加强基层爱国组织建设，贯彻民主办教方针。近年来，广东省天主教"两会"指导深圳、东莞两市筹备成立了深圳市天主教教务委员会、东莞市天主教爱国会，使天主教教务管理更加规范。广州、汕头、梅州、佛山、汕尾、潮州、清远、河源紫金、梅州蕉岭等15个县市完成爱国会换届工作，爱国团体力量进一步强化，民主办教工作深入推进,桥梁纽带作用发挥得更充分。2019年举行庄建坚主教荣休仪式，开启了广东天主教工作的新篇章。在教职人员培育方面，近年来，广东全省有多位修女发愿，同时祝圣执事12名，晋铎神父10名。

注重与中国文化相融合，用中华优秀传统文化浸润天主教。广东天主教界大力倡导中华优秀传统文化与圣经相结合，用中国文化诠释经典教义和表达信仰。根据广东省天主教教务实际情况，广东省的修院、教区、团体组织培训学习，增加了中华优秀传统文化的内容。每逢传统节日，广东各地天主教会结合中华传统民俗，为信众举行弥撒，表达节日问候与祝福。广东各地教会积极将宗教活动场所与传播中华传统文化平台相融合，在活动场所开设中华优秀传统文化宣传专栏板报。神职人员在弥撒讲道中，通过圣经和中国文化相结合，将复杂的神学思想用中华优秀传统文化中的经典章句进行解释阐述。

加强神学思想建设，夯实天主教中国化的思想基础。近年来，广东省天主教结合时代特征和要求，通过开展天主教本地化、中国化专题研讨培训，参与天主教中国化论坛、座谈会等活动，充分发挥社会主义核心价值观的引领作用，深入开展天主教思想建设，正面引导信教群众，不断提高天主教与社会主义核心价值观的契合度，赋予了天主教教义教规新的时代内涵，形成了一批思想建设新成果。一是开展理论研讨，为中国化实践提供理论支撑。广州教区成功举办教会中国化研讨会，并形成论文合集。梅州教区举办"坚持天主教中国化方向"研讨会，探索中国化实现途径，有力指导天主教中国化实践。二是开展专题培训，推动中国化建设步伐。支持天主教教职人员深入挖掘教义教规中有利于社会和谐、时代进步、健康文明的内容，对教规教义作出符合当代中国发展进步要求、符合中华优秀传统文化的阐释。三是举办中国化历程展，引导信教群众共筑"中国梦"。

持续深入推进"四进"宗教活动场所活动。广东天主教界在全省范围内继续推进国旗、宪法和法律法规、社会主义核心价值观、中华优秀传统文化等"四进"宗教活动场所活动。充分利用教会内部刊物、微信公众号及各堂区、堂口的黑板报宣传栏等平台营造浓郁的爱国氛围，切实发挥好天主教活动场所在高举爱国爱教旗帜、弘扬中华优秀传统文化和爱国主义传统、培育和践行社会主义核心价值观、引导天主教群众坚持中国化方向、与社会主义社会相适应方面的积极作用。

积极开展宗教政策法规学习月和反邪教宣传周活动。近年来，广东省天主教两会根据广东省民族宗教事务委员会"宗教政策法规学习月"的有关要求，结合天主教实际，通过微信公众号，宗教场所电子屏、展板、横幅宣传，举办学习座谈会等方式，在全省天主教界深入开展学习活动，组织各地爱国会广泛发动当地神长教友积极参与全省宗教政策法规知识网络竞答活动；各地爱国会及重点堂区通过举办专题学习会、座谈会，开设宣传栏等方式加大对《宗教事务条例》和新修订《广东省宗教事务条例》等法律法规的学习力度，不断增强在法律法规范围内开展活动的行动自觉。通过以上活动进一步提高天主教界人士和信教群众的法律意识和法律素质，为广东全省天主教领域和谐稳定营造了良好的法治环境和社会氛围。

做好宗教人才培养，以人才培养强化天主教中国化之本。广东省天主教两会始终把人才建设视为教会持续发展的内在动力，着重培养一支政治上靠得住、宗教上有造诣、品德上能服众、关键时刻能起作用的中青年神职人员和信徒骨干队伍。近年来，共组织14期全省青年神父集中避静，举办18期修女培训班，协助派选13位神父、6位修女出国深造，协助各教区派选神父、修女到中国天主教神哲学院进修和参加中国天主教"一会一团"组织的各类型培训学习班，以及到中国香港、中国澳门、中国台湾、新加坡等地学习交流。广东省修女再培育工作也成为广东天主教的一个亮点，在全国的修女培育工作中起着示范作用，受到中国天主教"一会一团"的肯定和褒扬。

践行教会仁爱精神，履行新时代社会责任。从事公益慈善参与社会服务，是天主教发挥积极作用、实现中国化的重要实践途径。近年来，广东天主教界主动适应社会、服务社会、履行社会责任，依法开展天主教各项工作，维护教会合法权益，发扬天主教做光做盐精神，以扶贫济弱为重点，依法依规开展公益慈善活动，为促进经济社会发展、扶贫攻坚和民生改善贡献积极力量。2020年初以来，面对突如其来的新冠肺炎疫情，广东省天主教两会先后发起两次捐款捐物活动，全省天主教界团结一心为抗击疫情共捐款捐物约280万元。参加中国天主教"一会一团"举办的书法绘画义卖作品征集活动，援助疫区一线。鼓励有商业教产出租的地方教会响应政府的号召，疫情期间减免商户租金。在广东省两会协调帮助下，深圳教会为香港天主教友好堂区捐赠7万个一次性防护口罩。受疫情影响，广东各地教会出现生活困难的活动场所和教职人员，各教区对本教区经济困难的场所及教职人员摸底排查，统筹帮扶，帮助其渡过难关。

第一章 西风海上来

——天主教在广东的传入

明朝以降，中西文化交流进入丰富多彩的时期。毋庸置疑，在不同的文明相互碰撞与交融的历史阶段，广东体现出了开放性、兼容性和进步性，在其中起着独特而又举足轻重的作用。当我们回眸历史，就会发现明末清初天主教第三次传入中国的过程中，在广东，留下了墨彩浓重的一笔——方济各·沙勿略叩开中国大门未果而抱憾病逝于上川岛，以及"中国传教第一人"利玛窦在肇庆开始的中国之旅。

"三洲荒岛迹，万国盛名喧"

——方济各·沙勿略与上川岛

方济各·沙勿略，生于1506年，殁于1552年。他所在的时代，是一个令人惊叹的时代，产生了众多闻名遐迩的思想家、艺术家、小说家，以及杰出的帝王和领袖：《乌托邦》的作者托马斯·摩尔（1478–1535）、意大利文艺复兴时期巨匠米开朗基罗（1475–1564）和达芬奇（1452–1616）、西班牙小说家塞万提斯（1547–1616），英王亨利八世（1509–1547）、德国宗教改革家马丁·路德（1483–1546）。更不能忘记的是，这是一个环球地理大发现的时代。1522年，麦哲伦船队完成了环球探险。1543年，葡萄牙人继印度洋、红海、波斯湾、香料群岛之后发现了太平洋上的日本。与此同时，马丁·路德与宗教改革、耶稣会与"反宗教改革"、意大利文艺复兴进入全盛时期与人文主义崛起、欧洲殖民者在美洲登陆、奥斯曼土耳其帝国达到顶峰、日本的统一，以及曾经拥有过辉煌航海历史的大明皇朝之闭关锁国，这一连串重大事件所产生的巨大能量奠定了现代世界格局的雏形。

方济各·沙勿略生于西班牙小城沙勿略的一个天主教徒贵族家庭。1529年，年轻的沙勿略进入巴黎圣保罗神学院学习，对当时流行的亚里士多德哲学产生极大兴趣，结识了对他一生有着重大影响的伊纳爵·罗耀拉（Ignacio de Loyola，1491–

1556）。1534年8月15日，沙勿略与罗耀拉等七人在巴黎的蒙马特圣母教堂成立了耶稣会。他们七人所发圣愿，服从教宗差遣、以传道为使命。这些都成为日后耶稣会的根本信条，为天主教会借着新开辟的环球路线扩张宗教版图。

显然，方济各·沙勿略东行传教的路线也跟葡萄牙势力范围密切相关。1541年，受葡萄牙国王的派遣，方济各·沙勿略远赴重洋前往东方传教。他先后抵达莫桑比克（1541）、果阿（1542）、锡当（1544）、科钦（1545）、马六甲（1545）和摩路加群岛（1546）等地。1549年，方济各·沙勿略抵达日本。在经过两年多的艰苦努力之后，沙勿略在日本以"赢得诸侯"的传教策略，打开了天主教在日本传播的局面，开启了耶稣会在日本传教近百年的序幕。然而，中国——才是能够获得良好结果的地方。沙勿略在日本的活动，被视为一种试验，他想在那里探索适合于中国的传教方式，以及进入中国的其他途径。

在马六甲要塞的海上总司令官阿尔瓦罗（Atayde Dom Alvarode）扣下了沙勿略准备搭载前往中国的货船之后，沙勿略近乎疯狂的宗教激情促使他几乎迫不及待地寻找一切进入中国的机会。但是，在明朝严厉的海禁政策下，失去了使团的掩护，也就意味着失去了进入中国的可能。在1552年8月，沙勿略不顾一切地来到澳门附近的上川岛，尽了一切努力，最终精疲力竭，因病逝世于岛上。对此，近代著名天主教徒的代表人物，辅仁社（辅仁大学前身）及《大公报》创办人英华（敛之）曾有诗句咏怀："三洲荒岛迹，万国盛名喧"。

"泰西儒士"与西学东来

——利玛窦在广东

当今日中西文化交流成为一种常态和潮流时，我们再谈及利玛窦其人其事，似乎很难真正地领悟到四百余年前这个意大利人跋涉重洋来到中国的意义。16世纪时欧洲的远洋航行船只，也只不过与现今大型的近海木渔船相类，而船上的水手绝大多数未受过任何训练，船只始出发时往往食物补给就不充足，更不用说船上经常爆发的瘟疫，不知何时降临的狂风暴雨和惊涛骇浪。因此，当万历十年（1582）利玛窦达到澳门，而后于1584年获准入居肇庆时，实在是幸运至极。然而，若假以学术眼光去看待，利玛窦进入广东，乃是适逢其会。朱维铮先生指出，利玛窦和罗明坚进入的广东，正是王学的策源地，而准许给他们打开广东省会大门的总督郭应聘，是一位心系王门的官员，他甚至在广西巡抚任上，曾"奏复陈献章、王守仁祠"。16世纪末，王学在明帝国可谓如日中天，尤其是从长江中下游到东南沿海，都是王学诸派活跃一时的舞台。正是王学对待异教异学的宽容态度，促使郭应聘准许利玛窦居留肇庆。

广东时期的利玛窦，成为百年利玛窦研究的重点。在肇庆和韶州生活的 13 年，几乎占了他在中国生活时间的一半。在肇庆（1584–1589），利玛窦以"天竺国僧"的身份面目示人，结交肇庆知府王泮，修建中国内地第一座传教所"仙花寺"，绘制世界上第一幅中文世界地图《山海舆地图》，组装中国第一台机械自鸣钟，协助罗明坚（Michele Ruggleri）出版第一本中文教理问答《天主实录》，并翻译十诫、信经和祈祷文。在韶州（1589–1595），利玛窦首次易僧服为儒服，开始翻译《几何原本》第一卷，用拉丁文翻译《四书》，撰写中文教理问答，等等。这里所列的每一个事件，都成为今人认识和研究利玛窦以及当时中西文化交流的重要切入点。

僧人身份以及易僧服为儒服为中国宗教比较研究中的佛耶关系提供了最佳视角。易服标志着传播天主教方式与归化中国人思路的转变，借鉴了佛教在中国的传播经验。

以《山海舆地图》为代表的"西器东传"，包括音乐、美术、历算之学、词典编纂、自鸣钟等，都是西学东传的重要内容。具体地来说，明末清初西方画法几何在中国的传播、利玛窦世界地图的来源及其在中国的传播与影响，明清之际西洋音乐和宗教画在中国的传播，乃至自鸣钟在江南地区的生产与传播，以及后来传教士编纂辞典的传统，统统都与利玛窦在广东的活动有着密切关系。

尽管利玛窦在肇庆和韶州的传教并不顺利，他在肇庆 8 年，只皈依了 80 名教友，其住宅多次被袭击，最终还被逐出该城；在韶州，他遭人攻击，仓促逃生间导致一只脚重伤，终其一生都有点跛足。但是，利玛窦居留广东的 12 年时间里，结交官绅和文人，体察观省社会，译注《四书》，他在肇庆与韶州与中国人士的交游，使其成为入华耶稣会士的首位中国通。而在韶州与瞿太素的交往，则开启了利玛窦领悟明代帝国学术的启蒙，以及为如何打入中国士绅社会做好了准备。

利玛窦在广东的活动与交游，不啻为一种"实验"——为进军北京时刻准备着，为了打通走向北京的传教之路，利玛窦逐渐摸索出了一条适应中国传统文化与风俗的传教路线。在 1595 年，利玛窦由韶州前往南京被拒而居留南昌，随后撰写出《交友论》。这本谈论友情的西方格言汇编，受到了当时中国文人的极大欢迎。晚明时期，作为儒家社会思想五伦之一的友情，被重新定义为一种社会美德。而受过文艺复兴时期人文主义教育的利玛窦，对此与其在中国交游的友人也有共识——珍贵的友情可以成为中西两个世界的共同交汇点。显然，利玛窦希望通过和平的友谊之门而不是武力进入中国。事实也证明，利玛窦成为今日受中国人长久热情关注的域外之人，根本原因在于其"尊重中华文明、真诚对待中国人、真心地沟通中西文化"的想法和理念。反之，中国人亦以师友之道相待，心怀感激。或许，这也正是不同文明之间相互交流的最美好之愿景。

位于北京行政学院里的利玛窦墓地和墓碑

晚明时期，位于广东西境的肇庆是两广总督府所在地，也是利玛窦接触到的第一座中国内陆城市，当年他从香山出发，经三水入西江前往肇庆。在肇庆的六年（1583-1589）是利玛窦了解中国并尝试摸索如何传播天主教的重要阶段。作为中西交流第一人，利玛窦留给了肇庆深厚的文化遗产。利玛窦在其所著《利玛窦中国札记》里对肇庆的重要性如此描述："广东省的总督被认为是他的同级中极有势力的一个。他的省份位于中国的边境，远离都城北京，被漫长的海域所包围。它的地理位置所造成的结果是，道路上盗匪充斥，海道上也有海盗，大多是日本人。为了补救这种局势，他还受命管辖邻省广西，这就使他在需要的时候能调动一支大军"。在肇庆6年后，利玛窦前往韶州。明末韶州同知刘承范因负责处理利玛窦离开肇庆到韶州的诸多问题，而与利玛窦有所交往。近年来在《刘氏族谱》中发现的《利玛传》是刘承范亲身经历、耳闻目见而所记录的一份有关利玛窦早期在肇庆和韶关活动的传记，也是第一份记录利玛窦史迹的长篇中文文献，对利玛窦的相关史实具有重要的补正作用。

肇庆二塔古码头（有说法利玛窦当年来到肇庆是从此码头登陆）

肇庆七星湖

肇庆街头的利玛窦画像

肇庆市区内还有古城墙，又称"宋城墙"。始建于北宋皇祐五年（1053年），政和三年（1113年）郡守郑敦义扩大城池并改土城墙为砖城墙，至明末对城墙共修葺11次。此处墙内嵌有"天主堂自界"石碑。

《刘氏族谱》（由明韶州知州刘承范后人刘明强先生提供）

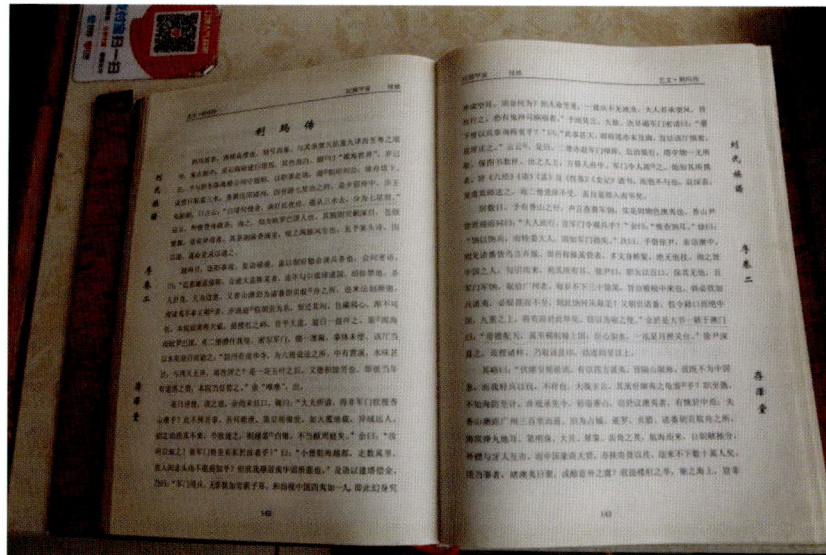

《刘氏族谱》中所载《利玛传》

根据《利玛窦中国札记》的记载，利玛窦和罗明坚在1583年9月10日来到肇庆时，花塔（即崇禧塔）已建好了第一层。崇禧塔为肇庆四塔之首，塔名取"文运兴旺，鸿福无疆"之意，始建于明万历十年（1582年）九月，万历十三年落成。现今塔名"崇禧塔"及其楹联"七星高北斗，一塔耸南天"由赵朴初先生题词。

崇禧塔旁所立利玛窦仙花寺遗址

崇禧塔正门处，崇禧塔的东面便是中国内地第一个天主教传教所——"仙花寺"的遗址。

因崇禧塔一带毗邻码头，交通便利，因此利玛窦决定申请于此地建造教堂。对于颇为曲折的建堂过程，学者们已经有相当多的论述和研究了。教堂建成时，为欧式两层建筑，屋顶装饰有十字标志，大门和窗户等细节处均按欧洲风格进行修饰，教堂外围还加建了围墙和花园。最初教堂内祭坛上方悬挂圣母报圣婴像，让当时前来拜访者误以为是"送子观音"，后来神父们改用救世主像代替之。如今仙花寺早已不复存在，2006年"中国意大利文化年"的时候，由肇庆市文物管理委员会在旧址上竖起"利玛窦仙花寺遗址碑"，以示纪念。

利玛窦仙花寺遗址

崇禧塔西侧是王泮生祠。王泮，字宗鲁，号积斋，山阴（今绍兴）人。嘉靖四十四年（1565年）进士，万历八年（1580年）始任肇庆知府，主政期间修建崇禧塔。王泮与利玛窦渊源深厚。利玛窦初到肇庆时，允许利玛窦申请建造教堂，落成后以隆重礼节赠送教堂两块匾额，一方上书"仙花寺"，挂在门口；一方题为"西来净土"。万历十二年（1584年），王泮还出资刊行利玛窦绘制的《山海舆地全图》，并把其当作珍贵礼物送给朋友，利玛窦因此声名鹊起。据利玛窦记载，王泮的父亲正式受洗入教，王泮本人虽然没有入教，却曾经因为希望获得儿子，而请传教士替他向上帝祈祷。因此，他获送一幅圣母像，据说一直虔诚地保存在家里。

王泮生祠

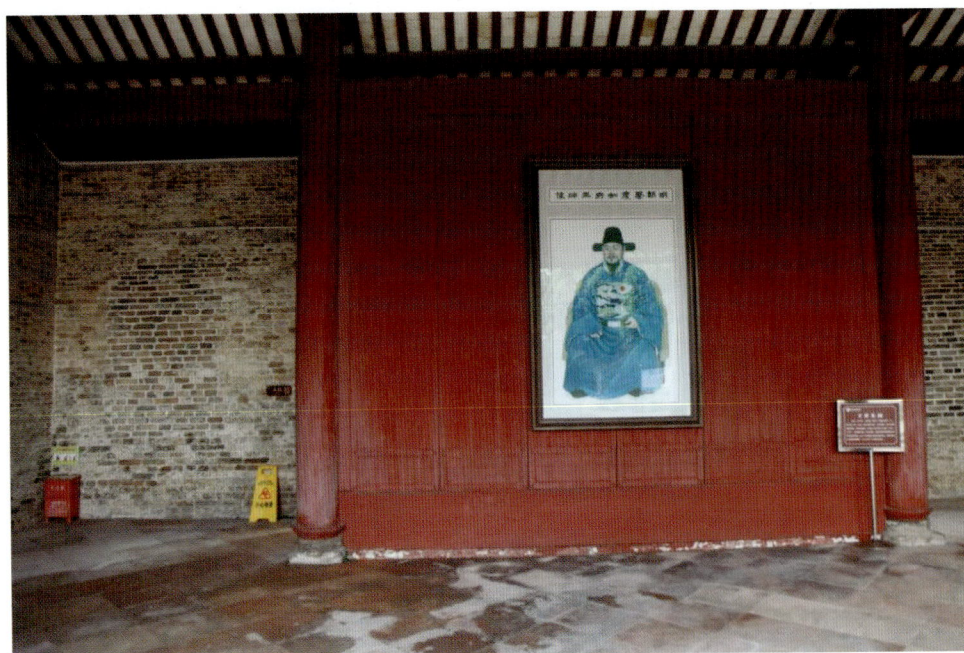

王泮生祠内的画像

现今肇庆城区内的天主教堂是勒竹围天主堂，建于清光绪三十一年（1905年）。教堂后端是哥特式建筑，竖十字架标志，有钟楼，悬挂大钟一个。教堂内排列木椅，供教徒礼拜之用。教堂西侧是一座两层神父楼，砖木结构，具有鲜明的意大利建筑特色。楼内摆放着利玛窦家乡意大利马且拉塔市所赠送的铜像，1998年收藏于此。

勒竹围天主堂

勒竹围天主堂内景

夕阳透过教堂的彩窗，映在墙上。

收藏于神父楼会客厅内的利玛窦头像，由利玛窦家乡意大利马切拉塔市所赠送。

　　尽管目前对利玛窦当年从澳门乘船经西江而下至肇庆，在何处登岸没有确切一说，但是在上清湾教堂附近处的岸边，还由当地立有牌子，说明该处是利玛窦登陆中国内地首岸。据说当时利玛窦和罗明坚对于肇庆隔江相望的南岸上清湾产生过极大兴趣，曾过江到南岸各村传教。清朝中叶以后，天主教在高要活动进一步开展，遂在上清湾建立教堂。清同治十一年（1872年），法籍黎（也有译作荔）神父在村东筹建一座中西合璧式教堂，占地面积225平方米，坐东南，向西北。教堂为硬山顶，顶端左右各开一挂钟窗，右挂大钟，左挂小钟。窗上用黑灰荡有"天主堂"三字门匾，匾之开一圆窗，窗上为收山之尖，尖上有一十字架。该天主堂五进深，三开门。头进为两层，二层为唱经楼。三进左右各一横门，每进均有圆拱。天主堂后岗设有二层高的神父楼，教堂西侧江边还曾设有圣母亭。1949年以前，上清湾天主堂隶属澳门教区，由澳门主教派神父管理教务。中华人民共和国成立后，归属肇庆天主教传教区，自选自圣康应年神父为主教。1964年后，教堂停止开放。1984年恢复宗教活动，由马思魂神父管理教务，隶属江门天主教区。因近百年来教堂多次受到洪水冲击、浸泡，建筑主体梁多处出现裂缝，故在2000年停止使用。信众搬回旧教堂活动。旧教堂是上清湾最早的天主教堂（即今村内48号、49号房舍），为同治四年（1865年）黎神父在上清湾首建的天主教堂，坐东向西，砖木结构，晚清中西合璧建筑风格，木构件为仿罗马拱廊式样，教堂曾附设有图书馆。

上清湾码头

肇庆当地所称上清湾码头为利玛窦登陆中国内地首岸

上清湾旧教堂

2007年2月，上清湾天主堂被列为肇庆市级文物保护单位。2008年12月启动重修，采用框架结构加固，2009年10月完成。2010年1月9日，举行修复感恩庆典，重新开始使用，并在当年被评为"全国和谐寺观教堂"达标场所。

上清湾村位于西江之南，西江大桥之西，背山临江而建。因村落位于西江流域高要段南岸马山脚一个回旋湾位，
上清湾这个诗意的名字便由此而来。其村民绝大多数信仰天主教。从上清湾村的高处远眺教堂。

上清湾天主堂

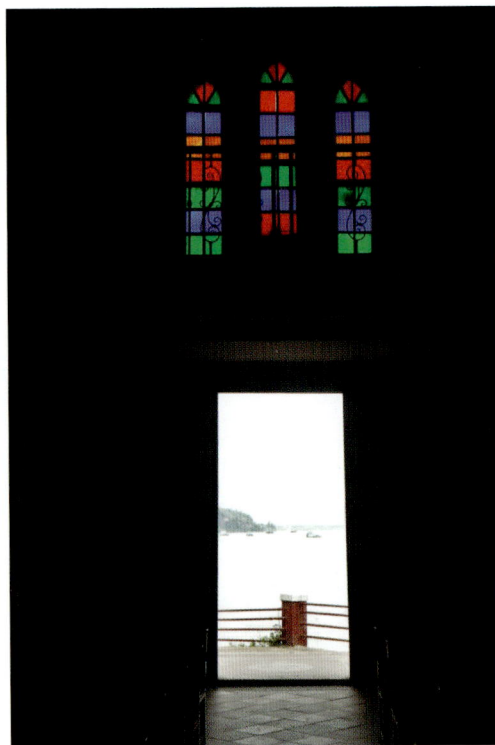

从上清湾教堂里面望向西江

上清湾教堂内景，神父基本上一个月来此一次开弥撒。

上清湾教堂内部一角

修女将教堂大门锁好，准备离开。

第二章 教堂之影像

——广东天主教教堂概览

一

如果说《圣经》是从文义的角度来告诉人们何为天主教，那么，教堂则完整地提供了视觉象征的说明。天主教文化里的各种隐喻、转喻、规则乃至惩罚，均能够在教堂里体现出来——你在教堂里，找到一个相对的位置，就能够用身体与空间的关系重读一遍《圣经》。带着宗教的浓厚意味穿梭于历史时空的隧道，在种种的交互重叠撞击之后，教堂终于成为震慑人心的人文艺术，甚至成为城市和国家的灵魂。因此，天主教堂不仅是建筑美学的体现，更重要的还在于宗教精神的营造。

事实上，人类将整个宇宙作为一个潜在性的象征，潜意识地把对象或形式改变为这种象征，并且以宗教和视觉艺术两种形式表达出来。可以说，有历史以来人类的建筑行为无不受到潜在的宗教意识的影响，只是愈到后代，文化的活动与交互影响的因素愈多，这种意识渐被淹没。《圣经》中关于宗教性建筑最早的记载，是在《创世纪》里所记载"人与神交往后所建立的神殿"，而这就是教会或教堂（church)的源由之一。英文中的"the church"指组织（教会），单独"church"则作为教堂使用。其来源有二：一是希腊文的 ekklesia，意即"城邦政治中召唤公民的聚会"，后演变为英文的 ecclesia，意为信徒的集会与集会的场所；二是希腊文的 kuriakon，意即"主的家"，后转为古日耳曼语 cirice，又衍生成德文 kirche，最后成为英文的 church。

在教堂逐渐发展出宏伟庄严的巴西利卡式的建筑形制之前，教堂还经历了犹太会堂、家庭聚会所、住家教堂和宣教中心等形式的演变。犹太会堂来自希伯来文 bet knesset，指聚会的屋子，译成希腊文是 synagoge。犹太会堂是初始基督教最重要的聚会场所。萌芽期的基督教依附于犹太教之上，犹太基督徒与犹太教徒同样地在住家中采用不拘形式的聚会，这就进入"家庭聚会所"的宣教时代。那些私人住宅中的聚会场所被称为"家庭聚会所",可谓算得上基督教堂的前身。保禄在《罗马书》中说:"他们为救我,置自己的颈项于度外;不但我应感谢他们,而且连外邦人的众教会也应感谢他们。还请问候在他们家中的教会。"(罗马书16:4-5)至公元二世纪下半叶,倾向基督信仰的犹太教徒增加,聚会规模变大,因此要求固定的、符合功能的聚会场所,同时建立基本的组织与制度,规范礼仪。可以说,"住家教堂"中诞生了现代教堂的雏形。公元260年之后,基督教的传教活动逐渐公开,各种礼仪可以公开举行,家庭聚会所不断扩建,基督教建筑由此正式登场。这时期的宣教中心仍然是住家教堂的一种形式,援用住宅主人的名字,甚至某些宣教中心发展扩大成教区的公共教堂或大教堂。宣教中心一直存在到公元5世纪才淡出历史舞台,由教堂全面取代之。

天主教堂历经1500余年的发展,其建筑特征也随着基督宗教的历史演进而不断改变和更新,最终形成了较为固定的型制和成熟多样的建筑风格,前者主要有巴西利卡式、集中式、希腊十字式和拉丁十字式,决定着教堂建筑的平面布局、内部结构和外部造型,后者包括有拜占庭式、罗曼式、哥特式、斯拉夫式、文艺复兴式、巴洛克式、古典式、折中式等,主要是指建筑面貌的特征。基本上来说,一定的型制是与一定的风格相结合的,但是历史上四种教堂型制都曾被不同的风格所运用,从而产生经典之作。教堂建筑,也因此作为人类文明的重要见证之一,开创和引领着一个又一个时代的思想、技术和艺术潮流。

教堂型制中最为典型的有巴西利卡式和拉丁十字式。"巴西利卡"一词源于希腊语"国王长厅"(stoa Basileus),指国王所在的长方形皇宫大厅,中间以象征方舟的正殿为主,正殿又可分为靠近大门的入口区、中间供教友参与的教友席,以及位于教堂最深处的祭台区和祭台后方放置圣体或圣像的内殿等区域。正殿两侧大多设有列柱和拱圈作为区分空间和建筑结构等功能,正殿两侧的走廊称aisle,即拉丁文"翅膀"(alae)的意思,并设有圣母或宗徒、圣人的雕像供人纪念。世界上最具代表性的巴西利卡式教堂,应首推位于梵蒂冈的"圣伯多禄大教堂"。教堂大约建于公元329年,采用木屋架长条会堂的形式,1503-1613年翻修为兼具古典和巴洛克风格的外观,1823年因火灾焚毁,后进行复原。圣伯多禄大教堂的空间格局成为后来各大教堂兴建的蓝本,也是至今最常见的教堂格局。巴西利卡式教堂长方形的平面后来逐渐演变为象征人体和十字架的十字平面,以及象征圆满、永恒的圆形和代表耶稣基督与复活的八边形等几何平面。"拉丁十字式"则被认为是天主教会中最为正统、最为常见的型制。早期的教堂原本是T字形,交点处为半圆形内殿,当内殿拉长,圣坛改为翼殿,与中殿同宽时,整个教堂就呈现为拉丁十字形。拉丁十字平面强调从入口到中厅、圣坛的空间序列干,立面以单钟塔为主导,剖面则呈现出简化的券柱式和六分拱顶结构。广州的石室大教堂的平面图即是典型的拉丁十字形,教堂坐南向北,横短竖长,十字交叉偏后处即为祭台所在。

　　直到20世纪30年代，天主教会对不具传统中古风格的建筑形式仍持有怀疑态度，有些主教甚至颁令规定新建教堂必须遵循仿罗马式或哥特式风格，同时普遍认为钢筋水泥与铁料不是教堂建筑所需的庄严建材。到20世纪50年代，因为第二次世界大战的缘故，许多教堂被战火破坏甚至摧毁，尤其是在德国地区。因此，德国也成为欧洲各国建筑师们能够尽情发挥的试验地，多元的教堂平面设计也随之开始出现。到第二次梵蒂冈大公会议，对教堂的功能作出了更为明确的定义，认为教堂空间只要不会干扰或阻碍弥撒或其他礼仪的进行，并且有助于教友共同参与的主动性，其格局规划与设计则不受到限制。因此，往后教堂的形式和外观更加多样化，并且表现出更多的民族性或地方性。

二

　　广东省内最早的天主教堂建于何时，并无确切资料记载。事实上利玛窦当年在肇庆西城外所建的有着非常中国化名字的地方——仙花寺，应该算是中国内地的第一个耶稣会会所。至明万历三十一年（1603），利玛窦才在韶州府城河西靖村建立了一间小教堂。根据资料记载，到清康熙四十年（1701），省内共有天主教堂11座。雍正九年（1731）前，广州市有天主教堂9座。至鸦片战争后，省内天主教堂相继创建。民国七年（1919）广东全省约有天主教徒10万人，教堂464所。到1950年，广东全省共有教堂552座，神职人员226人，信徒达10万人。事实上，20世纪之前的教堂基本上建立在乡村，且多为法籍传教士所建。在第二次鸦片战争（中法战争）期间，教案频发，广东许多天主教堂被毁，唯有一些较大教堂仍能受到官方保护。中法战争之后，法国天主教会亦因本国经济实力等原因，不能再像以前一样对海外传教事业提供资助，因此只能集中维持其教区的主教堂，乡村教堂的建设则兼顾不暇，因此，部分乡村教堂就因年久失修而自然消失了。第一次世界大战以后，天主教会在中国设立教堂的建设活动也逐渐停止。至中华人民共和国成立后，广东地区的许多乡村教堂多为改革开放以后才修复或者重建。因此，教堂也成为教会历史发展的一种见证。据相关资料，至1998年底广东全省共有登记开放教堂310间（见表一），2009年宗教部门统计数据显示天主教堂和固定处所共372处（见表二），2015年统计数据则是378处（见表三）。

表一：广东省各教区教堂统计表（1998年）

教区	广州教区	汕头教区	江门教区	韶关教区	梅州教区	湛江教区
教堂数量	13	204	33	7	40	13

表二：广东省天主教活动场所汇总表（2009年）

各市	教堂	固定处所	两项合计
广州市	4	2	6
深圳市	1	8	9
珠海市	0	0	0
汕头市	44	4	48
佛山市	12	0	12
韶关市	7	0	7
河源市	21	0	21
梅州市	32	3	35
惠州市	7	5	12
汕尾市	67	3	70
东莞市	1	0	1
中山市	2	0	2
江门市	12	1	13
阳江市	1	0	1
茂名市	2	0	2
肇庆市	7	0	7
清远市	3	0	3
潮州市	26	0	26
揭阳市	44	37	81
云浮市	2	0	2
合计	309	63	372

表三：广东省天主教活动场所统计表（2015年）

各市	教堂	固定处所	两项合计
广州市	4	3	7
深圳市	5	5	10
珠海市	0	1	1
汕头市	43	5	48
佛山市	12	0	12
韶关市	7	0	7
河源市	21	0	21
梅州市	33	2	35
惠州市	7	5	12
汕尾市	68	3	71
东莞市	1	1	2
中山市	2	0	2
江门市	11	1	12
阳江市	1	0	1
湛江市	15	0	15
茂名市	2	0	2
肇庆市	6	0	6
清远市	3	0	3
潮州市	27	0	27
云浮市	2	0	2
合计	315	63	378

　　近代中国天主教堂有区域中心教堂和普通乡村教堂之分，广东也大致一样，即使现在来看，依然存在这样的区分。这种差别主要体现在教堂的等级、大小规模和装饰程度上。例如，广东五大教区（汕头教区、广州教区、梅州教区、湛江教区和江门教区）主教座堂，作为教区主教的正式驻地和教区中心，显然比同教区内其他教堂更加宏伟和华丽。如果从建筑

风格上来看，广东地区的教堂大致上又可以分为哥特式教堂、哥特复兴式教堂、中式和中西合璧式教堂以及风格混搭型教堂。如著名的广州石室耶稣圣心大教堂、湛江霞山天主教堂是属于哥特式教堂；哥特复兴式教堂在建筑技术和建筑艺术方面较为简洁，更多是保留建筑符号，强调建筑的实用性，如广州沙面露德圣母堂。此外，如潮州圣母进教之佑教堂和汕头主教座堂圣若瑟堂则属于风格混搭型教堂。这些建筑艺术特色鲜明的教堂，其外部造型效果和施工质量都较高，是优秀的近代建筑作品。

纵观广东省内的这些教堂，可以发现，首先，以主教座堂为例，历史上曾经由美国天主教修会主导传教的江门教区，其主教座堂的中式风格迥异于哥特式风格的广州教区和湛江教区主教座堂，而后者正是历史上由法国天主教修会主导传教的区域。这些差异也显示出当时不同修会的传教理念及其所属国家天主教会传统在其中的重要影响。其次，从400多年前利玛窦在肇庆建起中国内地第一所传教所"仙花寺"起，至晚清民国年间建起现存的宏伟教堂，再到"文革"时期停止宗教活动，教堂大多被挪作他用，再至改革开放以后宗教活动场所的落实恢复，乃至现今新教堂的建设，可以说，教堂建筑作为教会历史的参照物，呈现出天主教会在广东的兴衰起落。最后，不管是何种风格式样的教堂，都能或多或少的看到中国传统建筑文化的延续与融合。作为外来建筑形式的教堂，在进入中国之后就已经自觉或不自觉地开启"中国化"模式。这不仅表现为对教堂样式的改造、布局的构成变化、朝向的改变，更多的甚至是直接采用中国的材料和构造，使用中国元素的装饰。例如，湛江霞山天主堂虽然是一座比较典型的哥特式教堂，但是如果细心观察就会发现，在钟塔的东西面各有一对雕刻成龙头形状的排水口，与排水口相接的墙面上甚至雕有龙身及龙尾。这种细节处的装饰，在不经意间就彰显出中国传统文化的强大张力和包容力。毋庸置疑，教堂建筑作为一种外来建筑形式和宗教体现形式之一，唯有吸收和顺应中国文化的内涵，才能落地生根，获得长远深入的发展。

然而如果前文讲述的是作为建筑的教堂，那么，我们不能忽视的是，教堂更重要的仍然是作为神圣空间的存在。当人们谈到教堂时，总会倾向于谈论其历史与建筑特色，甚至是作为一个旅游景点进行观赏。尽管教堂涵盖了宗教、建筑、绘画、雕刻、设计等等诸多领域，但是，诚如《发现教堂的艺术》一书的作者理查德·泰勒所评论的——"教堂往往是精雕细琢的美的艺术品，但是教堂的精髓还是在于其精神力量。没有精神力量，教堂就会变成空荡荡的房子。仅仅称赞教堂的美和历史，就好像只是在称赞莫奈作品的画框一样"。

广州教区

广州天主教原属澳门教区管辖，应法国巴黎外方传教会要求，清道光二十八年（1848）罗马教廷宣布从澳门教区划出广东、广西为粤桂监牧区，归巴黎外方传教会管理。但澳门教区拒绝移交，故直到咸丰八年（1858年）才正式分出。19世纪中期，教廷传信部敦促巴黎外方传教会是否愿意接受两广教务。对于教廷传信部的建议，巴黎外方传教会表示接受，但首先让时任驻香港司库的李播（Napoléon Libois）主教提供可行性报告。李播于1848年2月予以回复，认为广东、广西两省将会对巴黎外方传教会在安南以及中国西南地区的传教活动起着最大作用的帮助，直接的表现即为云贵川三省的传教士可以前往两广传教，而当安南发生教案时，传教士则可以回到与广西接壤的地方避难。他甚至还憧憬着分别能成立广东、广西和香港三个监牧区，而刚成为英国殖民地不久的香港可以给巴黎外方传教会在中国和印度支那的传教活动提供援助。从地图上来看，这正与巴黎外方传教会在亚洲的传教势力分布吻合。作为由罗马教廷任命的宗座代牧所领导的、并直接由教廷传信部管辖的传教团体，巴黎外方传教会不得不服从于罗马的命令，但不可忽视的是其本身仍然不能避免"修会本位主义"的影响。一般情况下，大多数传教士能够意识到"传教士首先是为教会服务，而不是为修会服务"，但是在具体传教实践中，很难从意识上将此二者的区别和界限加以厘清，往往出现修会目标和教会目标相对立的情况。传教区的传教士们更为顾及本修会在传教区的利益。巴黎外方传教会的目标就是从自身利益出发，务必完全获取两广地区传教管辖权，而非与澳门主教共同监管。共同监管引发了传教士之间的斗争，亦导致中国教徒的混乱。然而，葡萄牙保教权的影响犹在。1859年教廷与葡萄牙就宗教事务达成的协议中，第四、第五、第六款涉及广东广西教务，协议只同意广西脱离澳门主教的管辖，且暂时不考虑香港教区的归属问题。不过，教宗庇护九世（Pie IX）考虑到以上条款会妨碍未来广东教务的发展而未同意签署该协议。1858年9月17日，教宗庇护九世（Pie IX）颁布通谕，明确"广东、广西和海南不再仅仅是一个主教区，它的关怀全权委托给明稽章主教，排除其他所有人。"显然，教宗颁布这样的通谕是受到国际局势和欧洲政治版图变化的影响。1849年加里波迪发起第一次统一意大利运动，教宗在法国、奥地利、西班牙援救下，才击败意大利统一运动，使教宗国得以保留。至1860年意大利民族统一运动再次兴起，教宗国再度陷入困境。罗马城靠着法国军队的保护才未被占领。法国成为教廷所能倚靠的重要力量。同时，19世纪六十年代远东国际形势亦发生翻天覆地的变化。鸦片战争后中国的门户被迫向西方列强开放，一方面，罗马教廷趁机将对华传教进行全面改革，直接掌控日益频繁的远东传教活动，就需要新的力量来削弱葡萄牙保教权，而法国正好可以为其所用；另一方面，当时的法国处于拿破仑三世（Napoléon III）统治的第二帝国时期，在海外殖民扩张方面，中国成为其在亚洲侵略的重要目标。这也与教廷所求不谋而合。通过1858年的中法《天津条约》和1860年的中法《北京条约》，法国获得了在中国内地传教和经商的特权。法国保教权也因此成为明稽章（Philippe Francois Zéphyrin Guillemin,1814–1886）作为广东监牧区首任主教后攫取宗教利益的倚仗。

1856年至1858年明稽章返回欧洲期间，曾面见拿破仑三世，提出以在广州修建教堂来扩大法国在广东的影响，不能落后于英国人和美国人。明稽章将传教与法国在华利益及影响力联系起来，从而引起拿破仑三世的忧虑，向明稽章许诺会首先给他一笔30万法郎用以建造教堂。明稽章获得拿破仑三世的授命，返回广州后全力进行教堂的选地及整个计划。在北京被英法联军攻陷的背景下，明稽章倚仗当时法国驻华公使，获得前总督叶名琛的旧官邸作为建堂之地。《广州石室始末记》中记载法国方面两度更改租地合约才最后确定石室教堂的范围。第一次变更合约，"东至白米巷住户后墙为界，对面传教，要砌墙，中间留六尺宽，作巷一条"。第二次变更合约则完全因为要增租地面。事实上，明稽章并未能亲眼看到他费尽心力建造的教堂落成。1879年9月，他被召回罗马，未能如愿返回中国。1888年，石室教堂在他的继任主教邵斯主持下落成，而明稽章于1886年已离世。

光绪十四年（1888）耶稣圣心堂建成后，成为教区主教座堂。教区成立之初管辖除大埔、蕉岭、平远、兴宁、五华、龙川、连平、和平等地外的广东其他地方的天主教会。同治九年（1870）海南、香山、肇庆和西江沿岸12县划归澳门教区，新安、归善、海丰三县划归香港教区。1914年广东代牧区更名为广州代牧区。此后广州教区实际只管辖广州和增城、龙门、新丰、博罗、番禺等1市14县。1946年罗马教廷建立中国圣统制，在全国建立30个教省，广东成为其中的一个教省，广州教区升格为总主教区，管辖范围扩大，包括广州、海南、香港、澳门、嘉应、江门、北海、南韶连、汕头等教区。中华人民共和国成立后，教区管辖教务的范围随着行政区划的变动而不断调整。1981年惠阳教区合并到广州教区后，教区范围调整为广州、惠州二市和东莞、番禺、增城、花县、从化、龙门、惠阳、海丰、陆丰、河源、紫金、博罗等12县。1994年后汕尾市及所属县的教务划归汕头教区，河源市及所属县的教务划归梅州教区。历史上广州教区曾经办有方济各小修院、中华无原罪女修院、陶金坑圣山坟场、圣心中学、明德女子中学、日新小学、圣德肋撒女子英文补习学校、韬美医院、代办城西方便医院、芳村精神病医院等。广州教区历任主教有11位，其中法国籍7位：明稽章、邵斯、梅志远、实茂芳（Adolphe Rayssac，1866–1941）、光若翰、魏畅茂（Antoine Pierre Jean Fourquet,1872–1952）、祝福；中国籍4位：邓以明主教、叶荫芸主教、林秉良主教、甘俊邱主教。

号称"远东巴黎圣母院"的广州石室大教堂早已蜚声海内外。因奉耶稣圣心为主保，故命名为耶稣圣心堂，又因教堂全部墙壁、柱子是用花岗岩石砌成，故又称"石室"大教堂，是全球四座全石构的哥特式教堂之一，也是中国最大的石构建筑，甚至被称为"中国最美哥特式教堂"。

石室大教堂

石室教堂由法国工程师Léon Vautrin和Charles Hyacinthe Humbert设计，广东揭西人蔡孝任总监工，并广东五华石匠，克服种种困难历时25年建成。石室教堂被赞为"远东巴黎圣母院"，实际上正立面是仿照法国巴黎七区的克罗蒂（Sainte-Clotilde）教堂而建，中殿和半圆形后殿的内部则是参照了法国图勒大教堂（Toul Cathedral）。整体来说，整座教堂属于19世纪兴盛于欧洲的歌德复兴式风格。从高处俯瞰整座教堂，会发现其像一个平放的拉丁十字架。教堂外形挺拔巍峨高耸，堂内空间深远，弧形尖拱跌宕有序，巨大的石柱束雄健有力，花式窗棂做工精美，玫瑰花窗色彩斑斓，彩绘镶嵌玻璃窗上的圣经故事和圣人行实惟妙惟肖，使得石室大教堂既庄严神圣又清幽雅致，堪称宗教文化与建筑艺术结合的完美典范。

石室大教堂于1863年8月26日正式破土动工，并于当年的12月8日举行了隆重的奠基仪式，分别从耶路撒冷和罗马运来各一千克泥土置于基下，以表达天主教创立于东方耶路撒冷而兴起于西方罗马之意，因此教堂正面东西两侧墙柱基上分别刻有"JERUSALEM 1863"和"ROME 1863"以示纪念。

石室大教堂的奠基石之一：JERUSALEM 1863

石室大教堂的奠基石之一：ROME 1863

　　石室大教堂最引人注目的是正面两座钟楼上高耸的尖塔，尖塔为空心八角形椎体，石块之间用铁杆链接，尖塔之下是三层楼房，尖塔越往上装饰线越多，越玲珑锋利，最后构成塔尖直刺苍穹的架势。而尖塔之下的钟楼里，东钟楼内悬挂着以圣母玛利亚命名的铜钟组，可分别翘楚C、E、G至高音，敲钟时可传出低层、洪亮、高昂、清脆的钟声，西钟楼内分别在塔体西、南、北三面装有罗马字钟面的传统机械时钟，钟声悠长辽远。

石室大教堂的双尖塔

远眺尖塔

虽然教堂都建有斜屋顶，雨水能够顺坡而下，但若让雨水再顺墙而下就有可能造成损坏，于是人们设计出排水管道，让雨水能够从管道直达地面而不侵扰墙壁。在西方建筑艺术中，这样的出水口叫gargoyle，源自一个古旧的法文词汇

gargouille，意思是"喉咙，英语里 gargling（意为喉咙咕噜咕噜发声）、gurgling（潺潺而流）二词亦源自此词。然而在石室大教堂排水管道上装饰的雕塑常为螭首形状，水汩汩地从其中涌出，这是中国特有的"螭首散水"，也因此巧妙地将中国传统建筑艺术与西方哥特建筑艺术有机地结合起来。此外，石室大教堂强劲的扶壁，斜撑的飞虹，连锁的尖拱，无数蓬勃向上的小尖亭和小尖塔，无不凸显着石室大教堂哥特式建筑的纯粹风格。

石室大教堂的螭首状的笕嘴（gargogle）

教堂内的石柱由八根小柱包围而形成束柱，直径约有 1.4 米，巨大的束柱从磐石基础上拔地而起，延伸向上，苍劲有力，有一种阳刚之美。网状拱顶和两边挺立的廊柱并没有过多装饰，简洁有力，呈现出一种庄严肃穆的氛围。

石室大教堂内景

　　教堂内部平面呈拉丁十字形，不仅在形式上象征着耶稣背负十字架的生命奉献精神，还表示了天主教的正统观念，而且还出于宗教仪式实际活动的需要，在十字交叉偏后处即为祭台所在。祭台呈长方形，两侧间有后屏，分别设有圣母玛利亚和圣若瑟小祭台相配，呈品字形布局，突出了主祭台。祭台中央放置着雕有《最后的晚餐》图案的汉白玉祭桌。圣体柜上雕刻着"五饼二鱼"的图案，是为《圣经》记载的耶稣显圣的"增饼奇迹"。

广州教区甘俊邱主教祝圣神父

广州教区中华无原罪圣母女修会修女发愿

时任德国总理默克尔访问广州教区主教座堂

石室大教堂的圣母玛利亚小祭台。天主教会特别尊崇圣母玛利亚，尊称她为"天主之母""荣福童贞玛利亚"。

　　"本堂"的英文词nave，源自拉丁文navis，意思是"船"。在本堂之内，容纳着对教堂的日常生活至关重要的各类装置设施，教堂内举行的各种重要仪式，都要使用到它们。正是它们，让人意识到日常生活如何成为敬拜神的一部分。

石室大教堂内景图

圣灰礼仪日，甘俊邱主教给外国信徒擦圣灰。

弥撒中的唱诗班

　　石室大教堂正南门、东侧门、西侧门入口处摆放着汉白玉石制作的圣水盆天使塑像。圣水盆大多数靠近教堂入口，进入教堂前，人们要蘸经过祝福的水在胸前画十字，象征着洗清罪恶。圣水盆源自犹太人仪式性的净身习俗，包括手、脸，有时候甚至脚也包括在内。这些习俗被带进早期的教堂，在教堂门口安置清洗的喷泉，后来，喷泉逐渐变成水盆。

　　有两千年历史的罗马天主教会，一直到20世纪60年代，才召开历史上著名的第二次梵蒂冈大公会议。在此之前，教会礼仪都以拉丁文进行，教义上也相当保守。梵蒂冈第二次大公会议的召开，是古老的天主教会终与现代接轨。20世纪90年代，中国天主教会开始全面推行中文礼仪，从1993年到1995年先后出版了甲乙丙年主日弥撒经文（上海版），至今在全国天主教堂通用。

弥撒经文书

　　在教堂正立面和东西侧立面墙上各有一个直径近7米的圆形玫瑰花窗。窗花心为一小十字，共有放射状花瓣24瓣，花瓣之间顶尖上有12个小圆，圆之间又有12个小十字，组成一朵玫瑰图案，整个图案线条生动自然。这些玫瑰花窗由深红、深蓝、紫、黄等彩色玻璃用细雕石条镶嵌，色彩鲜艳调和，既避免室外强光直接射入，又使室内光线始终保持着柔和，形成慈祥、肃穆的宗教气氛。

石室教堂内夺人眼目的还有绚丽的玫瑰花窗

　　"窗上有画，为的是让那些目不识丁，读不了圣经的人看到他们需要相信的一切。"在早期时，绝大部分平民不识字，能亲眼看到圣经故事以某种形式呈现在他们面前，要比聆听经文更容易让他们理解。可以说，图画被视为"穷人的圣经"。石室大教堂的彩绘镶嵌玻璃窗一共有上下两层，每一扇彩绘玻璃镶嵌画讲述着一个圣经故事。位于首层的14幅彩绘玻璃窗讲述的是新约故事，分别是圣母领报、耶稣诞生、耶稣受洗、加纳婚宴、召叫门徒、山中圣训、圣母、佳播天使、治病奇迹、显圣容、最后晚餐、十字架·若望·圣母、耶稣复活、耶稣升天。位于第二层的16幅彩绘玻璃窗呈现的是旧约故事，分别是创世纪、诺厄方舟、预报撒辣生子、梅瑟诞生、过红海、迎约柜进京、厄利亚传授厄里叟、西乃十诫、卢德拾麦、逐出伊甸园、纳阿曼病愈、火荆棘、逾越节晚餐、圣祖献子、约纳先知、厄里亚升天。上下两层的圣经故事的编排顺序不是以"次"排列，而是以"之"字形的路线进行描述。而从上层的旧约故事到下层的新约故事，又是一个垂直线，寓意着"新约隐藏于旧约，旧约显露于新约中"，旧约的一切预言、预像直接指向新约，新约则是对旧约的实现和完成。

石室大教堂两侧的彩绘玻璃窗

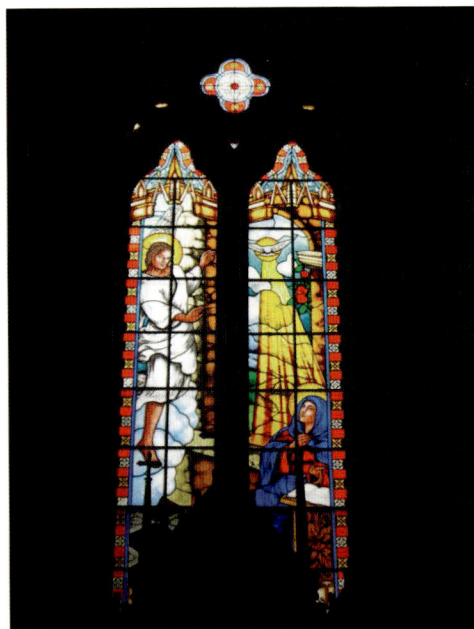

彩绘窗之一：圣母领报

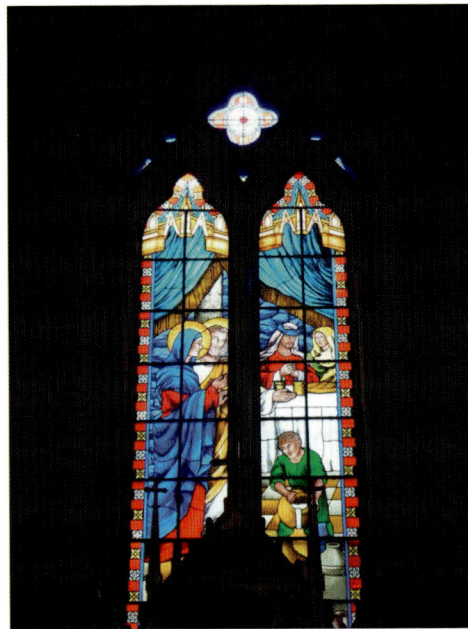

彩绘窗之二：加纳婚宴

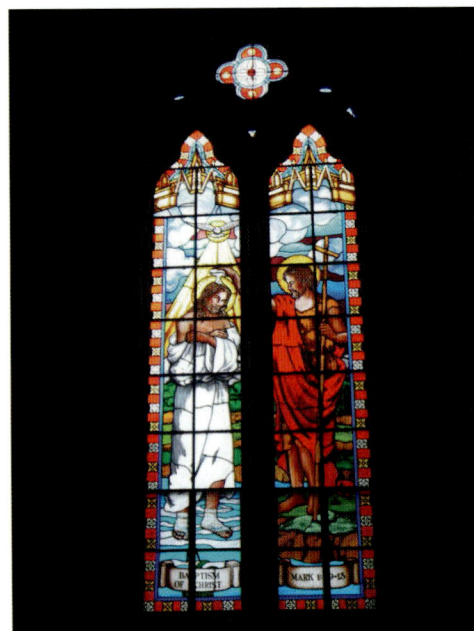

彩绘窗之三：耶稣受洗

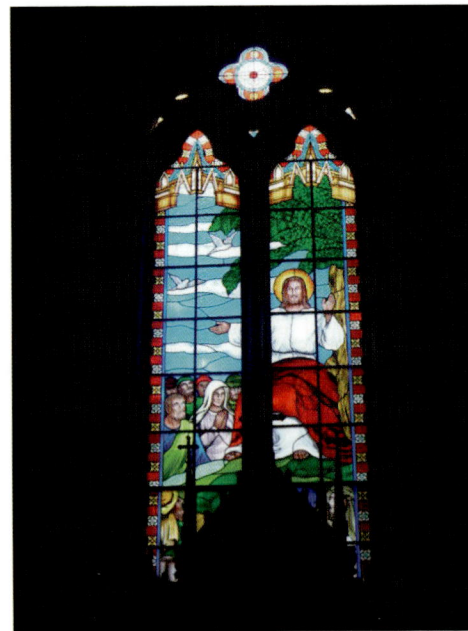

彩绘窗之四：山中圣训

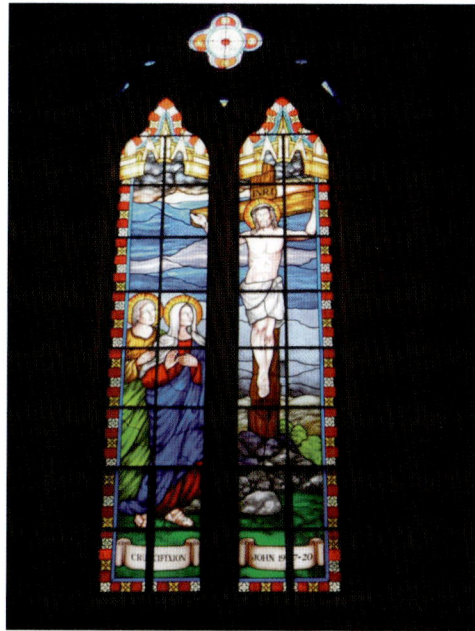

彩绘窗之五：十字架、若望、圣母

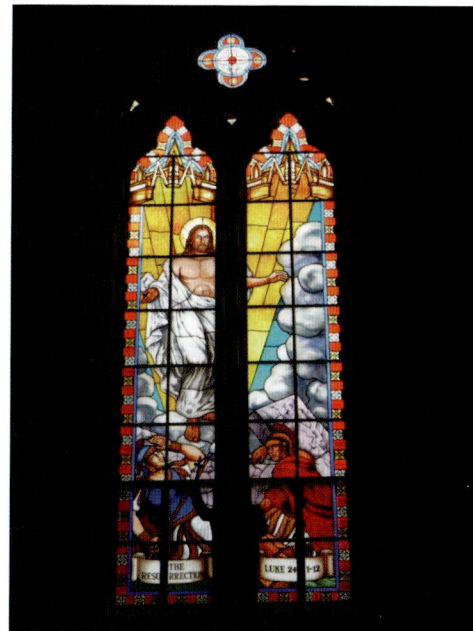

彩绘窗之六：耶稣复活

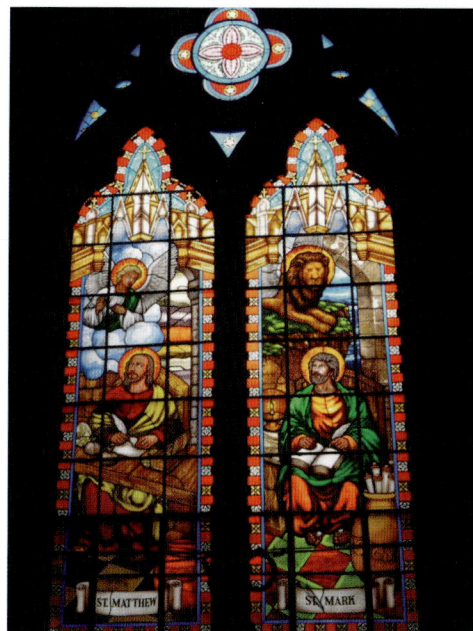

彩绘窗之七：圣玛窦和圣玛尔谷

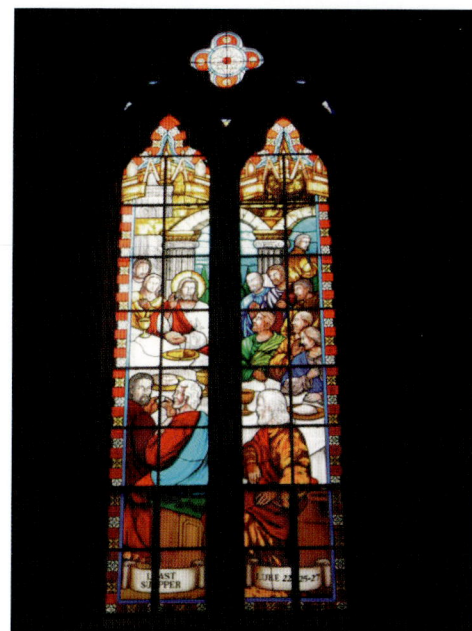

彩绘窗之八：最后的晚餐

苦路（Station of the Cross），就是将新约圣经里耶稣基督受审、上十字架，乃至复活的过程，转变为苦相图，通常以绘画或浮雕形式悬挂在教堂两侧墙上，是天主教堂里必有的陈设。据载，耶路撒冷有一条"悲伤之路"，据说耶稣就是顺着这条路走上死亡。罗马教宗的赎罪券就曾颁给去过苦路朝圣的人。因为随着亲自去往耶路撒冷朝圣的难度增大，因而在教堂设置十字架苦路的情况就开始普遍起来。到了公元7、8世纪，教廷曾经宣布可以像颁给去耶路撒冷朝圣的人一样，将赎罪券颁给去教堂走过十字架苦路的人。苦路像的数量曾经有数量不一的版本，但如今基本固定为十四处，分别是：耶稣被判十字架刑、耶稣背负十字架、耶稣被沉重的十字架压垮（第一次跌倒）、耶稣遇见圣母玛利亚、外邦人西满帮耶稣背负十字架、圣妇为耶稣擦脸、耶稣被沉重的十字架压垮（第二次跌倒）、耶稣劝慰悲恸的妇女们、耶稣被沉重的十字架压垮（第三次跌倒）、耶稣被剥去衣服、在十字架上受难、死亡、圣母怀抱耶稣尸体、埋葬耶稣遗体。

石室大教堂内的十四幅苦路图，悬挂于巨大的石束柱上。

沙面露德圣母堂坐落于全国文物单位"沙面岛的建筑群"中，建于光绪十六年（1890年），占地面积839.75平方米，可容纳200人。因教堂花园南侧圣母山安放露德圣母像而得名，奉露德圣母为主保。最初教堂位于法租界内，为法国领事馆职员和在穗法国侨民服务。1996年11月沙面建筑群被国务院确定为全国重点文物保护单位，露德圣母堂即为其中建筑物之一。露德圣母堂是典型的仿哥特式建筑风格，建筑总体为东西向，平面为一字型。堂内所有门窗都装镶嵌彩绘玻璃。整个建筑并不是很宏大，只保留有一个哥特式样的尖塔，也没有尖顶拱券和飞扶壁这样典型的哥特式教堂建筑的形式，教堂内部的装饰也不繁复和奢华，但是在诸多细节的处理上，仍然保留了哥特式的元素，例如教堂内的圆形高窗保留了玫瑰花窗的符号，钟楼及之上的单尖塔有着高、直、尖、细的视觉效果，檐部处理则使用浅浮雕式的装饰。

沙面露德圣母堂

沙面路德圣母堂内景

沙面露德圣母堂祈祷室内的图片纪念墙。圣女小德兰（德肋撒）继1923年位列真福，
1927年她又被封为传教主保，至1997年被教宗若望保禄二世封为教会爱德的圣师。

　　根据历史资料记载，这座隐藏于广州市东山新河浦一片民宅之中的东山天主教堂建于1907年，当时东山一带已有天主教徒，但新河浦当时仍是乡下，前往石室教堂的交通不便，于是石室教堂与当地教徒合资盖起一座小教堂，最初建成于1910年左右，时奉花地玛圣母为本堂主保。1949年后教会房产由房管部门代管。广州教区于2006年收回该处房产。鉴于当时木结构的建筑年久失修，遂进行修复。教堂于2012年2月重新使用，奉圣方济各·亚西西为本堂主保。修复后的东山天主堂，仍然保留了诸多哥特式建筑的元素，尖塔钟楼、尖拱顶门、尖拱形花窗、装饰线、砖砌十字拱等。整体建筑呈十字形。

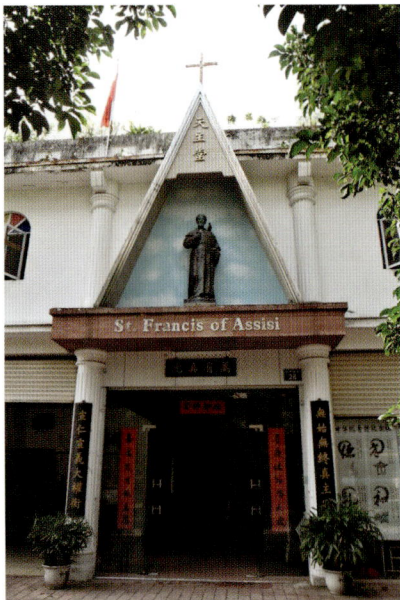

东山天主教堂

东山天主堂祭台

东山天主堂内圣水盆

　　宝岗圣母圣心堂原是一间教徒聚集祈祷的小公所，后来由于教务发展的需要，教徒日益增多，广州教区就将与祈祷所相连的两间房屋买下后进行扩建，于1938年1月破土动工，同年6月份建成。建筑物为一座三层砖木结构的楼房，楼下作教堂使用，楼上两层作为神父起居室，总占地面积约264平方米。1947年，广州教区曾委托天主教美国玛利诺外方传教会代管该堂。1953年，外籍神父离开，之后由中国籍神父担任本堂神父。1984年由广州教区收回该堂产权，经过修缮，在1986年12月7日恢复了正常的宗教活动。因年久失修，教堂已在原地重建，现已竣工。

位于广州海珠区的宝岗圣母圣心堂

教堂斑驳的门框，显示着岁月流淌的痕迹。

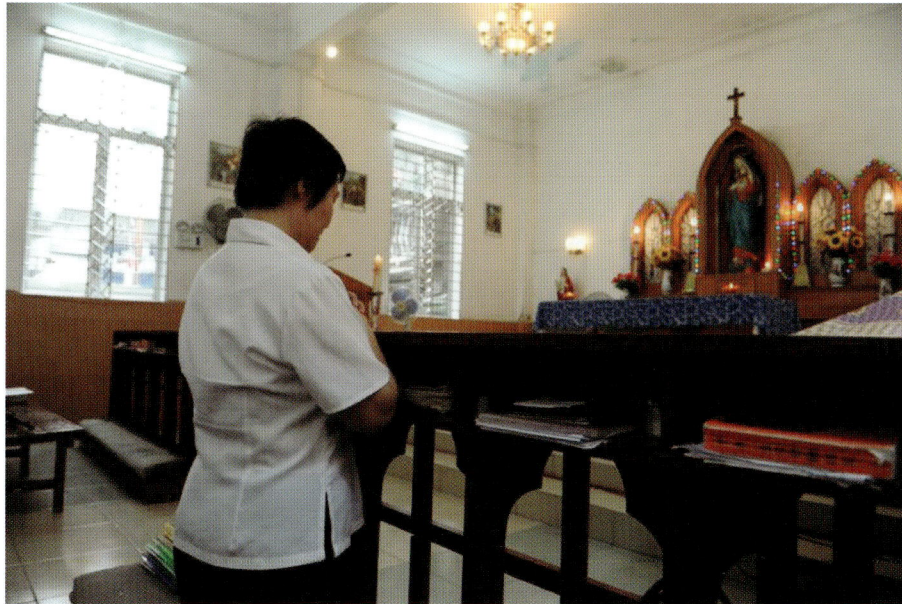

教堂内修女在祈祷

广州教区圣安多尼天主堂。这并不是一座正式的教堂，而是一个正式开放的宗教活动场所，位于天河区五山路273号，主要方便天河区的教友过宗教生活。

广州教区圣山。广州天主教圣山原为淘金坑天主堂，建于1863年至1870年左右，位于淘金坑路一带山坡。1989年落实宗教政策，教会易地重建，遂在龙眼洞渔沙坦建起现在的天主教露济亚堂，用于安放天主教徒先人骨灰。

广州教区圣山

惠州黄家塘天主堂

黄家塘天主堂内景

惠州黄家塘天主堂旁的老教堂

惠州黄家塘天主堂院落内晾晒的祭衣

东莞塘厦天主教活动点

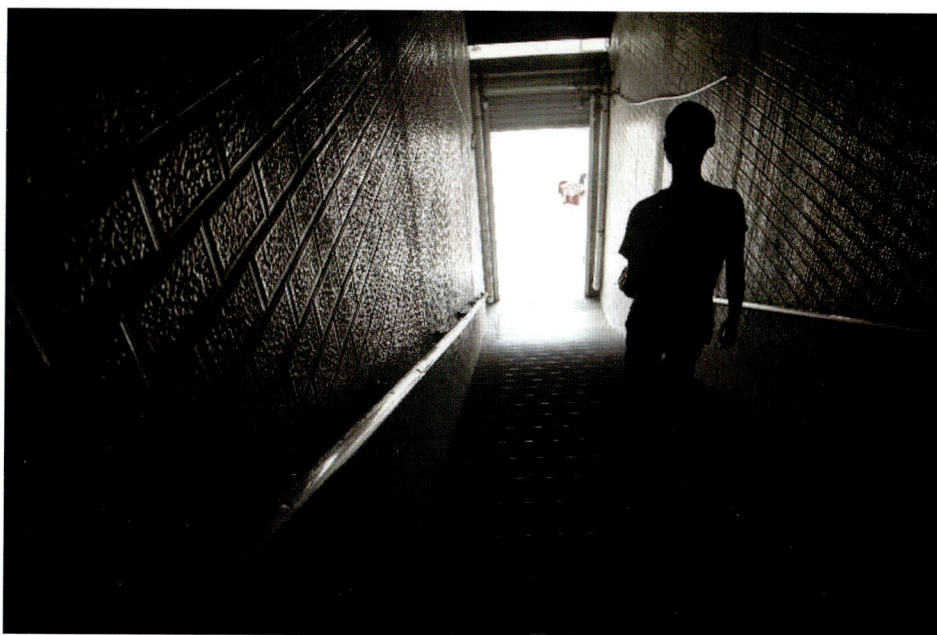

东莞塘厦天主教活动点的出入口，神父正在下楼

汕头教区

天主教传入汕头地区，已有300多年历史。

清顺治七年（1650年），西班牙多明我会派传教士到澄海、盐灶传教，后中断。清康熙五十九年（1720年），又有西班牙多明我会传教士到惠来葵潭石门坑村传教。据嘉庆《澄海县志》记载，乾隆二十二年（1767年）以前就已有外籍神父到过澄海传教。乾隆元年（1736年），天主教开始传入潮阳海门镇，再传至达濠的澳头村。嘉庆二十五年（1820年），法籍石神父（一说为美籍传教士）从梅县南下到揭阳大洋、揭西河田等地传教。道光三十年（1850年）开始传入普宁县。同治四年（1865年）法籍梅致远神父到揭阳白塔镇下拢崐村设点，传教于龙尾、白塔、桂岭等地。

17世纪中叶，天主教已传至潮州府城。雍正二年（1724年），潮州府城已有教堂建筑，不久毁弃。其时并无常驻传教士，每隔一年或数年，则有福建的多明我会传教士或澳门的葡萄牙耶稣会传教士至潮州巡视教务。道光三十年（1850年），罗马教廷将汕头地区教务交给法国巴黎外方传教会管辖。光绪元年（1875年），法籍邵神父来到潮州协助传教，在府城置高三老厝为教堂。光绪十一年（1885年），法籍布塞克神父呈请潮州府批准，在潮州府城购地建大教堂，光绪十一年（1885年）奠基，光绪三十年（1904年）建成，名为圣母进教之佑大教堂，是广东省内仅次于广州石室教堂的大教堂。

同治九年（1870年），法籍传教士到汕头传教，首先在镇邦街设立小教堂。光绪三十二年（1906年），由法籍都必师神父主持，建若瑟堂，于光绪三十四年（1908年）建成。

民国三年（1914年），天主教广州教区划出汕头教区。次年，由法籍龚善传神父主持设计，在汕头外马路96号（现今107号）建主教楼，民国七年（1918年）建成。当时在汕头市区的教堂，还有同治五年（1866年）建于达濠澳头的露德圣母堂、民国三十三年（1944年）建于原内马路花园的崎碌海星堂、民国三十六年（1947年）建于乌桥石篱尾的耶稣君王堂、民国三十七年（1948年）建于西堤海的耶稣君王堂和德肋撒堂。

总体来说，历史上天主教在汕头地区的传播，大致可以分为东线、南线和北线。

东线指澄海、饶平和南澳一带。

澄海：道光三十年（1850年），法籍布塞克神父到澄海传教，于同治九年（1870年）在吴厝村习德巷内建小教堂。

饶平：光绪十五年（1889年），法籍谭神父到饶平传教，后又至黄冈传教并建小教堂。光绪二十六年（1900年）建霞饶教堂。当时饶平分为饶南和饶北两个堂区。饶南堂区管辖半天桥、林厝棣、山尾、施厝等祈祷所，饶北堂区管辖涸上、横岭、埔顶、马径、下田等祈祷所。

南澳：早在光绪十五年（1889年）就有传教士到南澳传教。后法籍谭神父到饶平建堂传教后，才又至南澳后江宫前村大桥头购地建堂。以后南澳天主教事务属饶平管辖，先后建赤石湾分堂、下松柏坑祈祷所。

南线指惠来、潮阳和潮安一带。

惠来：天主教在惠来主要集中在葵潭和白冷两地。早在康熙五十九年（1720年），就有传教士到葵潭石门坑村传教。道光三十年（1850年），由巴黎外方传教会传教士管辖。光绪六年（1880年）建成一座西式教堂，并曾办有小学。光绪二十四年（1898年），由法籍明方济神父在白冷建教堂，并建有神父楼、明德小学和育婴堂。当时该堂辖神泉的文昌、周田的头径、奇训、锡溪等村。

潮阳：天主教在潮阳主要集中在沙陇望上和两英古溪。沙陇望上堂区辖双山、神山、平湖、永安、田心、成田和家美七个村。光绪十九年（1893年），沙陇村因房界械斗诉讼，弱房村民开始入教，于光绪二十六年（1900年）在望上村开始建一小教堂，宣统二年（1910年）扩建神父楼，法籍娄若望神父任本堂。光绪十三年（1887年），法籍韦希圣神父到古溪传教建堂。宣统二年（1910年）后相继在仙城、白坟、许厝厢、萧渡、陈店、湖西等村落建堂和祈祷所。民国二十七年（1938年），由王致中神父接任本堂，后又由庄严神父接任。

潮安：光绪八年（1882年），法国人就到潮州城渔沧庙边建教堂和洋楼。光绪十一年（1885年），法籍布塞克神父呈请潮州府批准购地建堂，是年奠基，光绪三十年（1904年）建成圣母进教之佑大教堂。辖岗山、浮岗、砂溪、贾里、枫溪等地教堂和祈祷所。

北线指揭阳、揭西和普宁一带。

揭阳：天主教传入主要集中在赤步、榕城和炮台。1.赤步。同治四年（1865年），法籍梅致远神父先到白塔下拢村设点，传教于龙尾、白塔、霖磐、桂岭等地。后由法籍高而谦神父到桂岭镇赤步村买地建堂，再发展教务到玉湖、新亨等地，辖赤步堂、凤林堂和新亨堂等堂点。2.榕城。光绪十五年（1885年），由法籍丁热力神父入榕城（玉窖）传教，由教徒黄源科献地初建教堂，名为道原斋。后法籍梅致远神父来此，辖榕城、仙桥、渔湖部分村落及乔南村、东山（尖浦）、锡场等地。民国十二年（1923年）改建成圣弥额尔教堂。民国二十一年（1932年），汕头伯多禄修院迁来当时道原小学校址。3.炮台。光绪二十一年（1895年），法籍梅致远神父到炮台传教，在炮台镇桥仔头尾建堂，四年后建成，传教于曲溪、云路、地都、渔湖一部分以及潮阳的关埠、西胪、金玉等地。

天主教在揭阳客家话地区的传教区域集中在洛田坝、岸洋、棉湖、五经富和河婆等地。1.洛田坝。嘉庆二十五年（1820年），法籍石坚基神父由梅县南下到大洋、河田等地传教。道光二十年（1840年），由法籍董中和神父建洛田坝天主堂，同时期还曾办有女修院、育婴堂、海星小学和医疗室。2.岸洋。咸丰七年（1857年），法籍彭神父到西田、岸洋一带传教，各村多有信徒移民至岸洋，形成教徒村，辖桐树坑、中崐心村、杨梅坪、石空尾等祈祷所。光绪四年（1878年）后，法籍恩利格神父在上砂镇上山村一带传教，先后建北斗、上山教堂。3.棉湖。光绪十八年（1892年），法籍曾德基神父到棉湖传教。光绪三十四年（1908年），由法籍樊懋超神父接任本堂，改建教堂在桂竹篮地方。4.五经富。光绪二十九年（1903年），法籍宝神父到五经富一带传教，在高厝寨建有教堂，并办小学，辖大北山一带上围、祠堂壩、大山湖、南凤和庆美等祈祷所。光绪三十一年（1905年），宝神父又在大洋、箕头湖、何树堀等地建教堂，辖丰顺八乡山一带。6.河婆。宣统三年（1911年），法籍华美传神父建河婆天主堂，将原洛田坝辖下的欣堂、祠堂埔、龙潭、沙隆、南山、上寮等祈祷所划归河婆堂区管辖。

道光三十年（1850年）前后，梅林镇塗洋村村民往来于揭阳县城、棉湖经商，并信教，回家后带动家人亲戚入教，后于同治元年（1862年）建起普宁第一所小教堂。光绪十六年（1890年），法籍曾神父到南径传教。光绪三十四年（1908年），法籍樊懋超神父在南径圩建小教堂，后又在占陇新寨村建教堂。光绪十九年（1893年），法籍柏耐寒神父在大壩镇横山村建堂。道光三十年（1850年）至民国十五年，普宁先后建有堂点15处。

汕头教区主教座堂圣若瑟堂

中华人民共和国成立后，汕头市天主教徒积极响应"三自"革新爱国运动的号召，于1951年成立汕头市天主教"三自"

革新爱国运动临时委员会；1955年成立汕头市天主教友爱国会筹委会；次年6月正式成立汕头市天主教友爱国会。1962年，市爱国会召开第二次代表会议。"文化大革命"期间爱国会和教堂都停止了活动。改革开放后，教区内的天主教活动逐渐恢复，于1981年祝圣蔡体远神父为教区主教。1987年、1991年，潮州、揭阳设市后先后成立地级市天主教爱国会。1994年，省天主教两会将汕尾市天主教务划归教区管理。汕头教区目前创办有众心之后女修会和天爱公益慈善基金会。历任主教、代主教有6位，其中法国籍主教实茂芳、和敬谦（Charles Vogel，1878–1958）；中国籍代主教黄克仁、苏秉绳，蔡体远主教和黄炳章主教。

19世纪中期，法籍传教士都必师(Antoine Adrien Douspis,1871–1917)主持建筑施工，在今汕头市红星巷2号建成一座天主堂，称为"圣若瑟堂"。据记载，教堂面积占地400平方米，为贝灰沙结构，单层，附有部分唱经楼。"文革"时期，教堂遭到损坏。1984年在原地重建，1986年投入使用，这是老圣若瑟堂。同时期，位于汕头市外马路的原主教公署历经风雨侵蚀和时代变迁，也显出瓦残垣颓，因此汕头教区在该址上再新建一座教堂，这就是新的圣若瑟堂，也是目前汕头教区的主教座堂。建成后的新教堂总建筑面积约4000平方米。首层为大厅、停车场，二层为礼堂，三层为主祭圣堂，四、五层为近似"U"字形圣堂，六、七层为罗马式圆顶钟楼，顶端立十字架，总高度38米。

位于汕头市区红星巷内的老圣若瑟天主堂

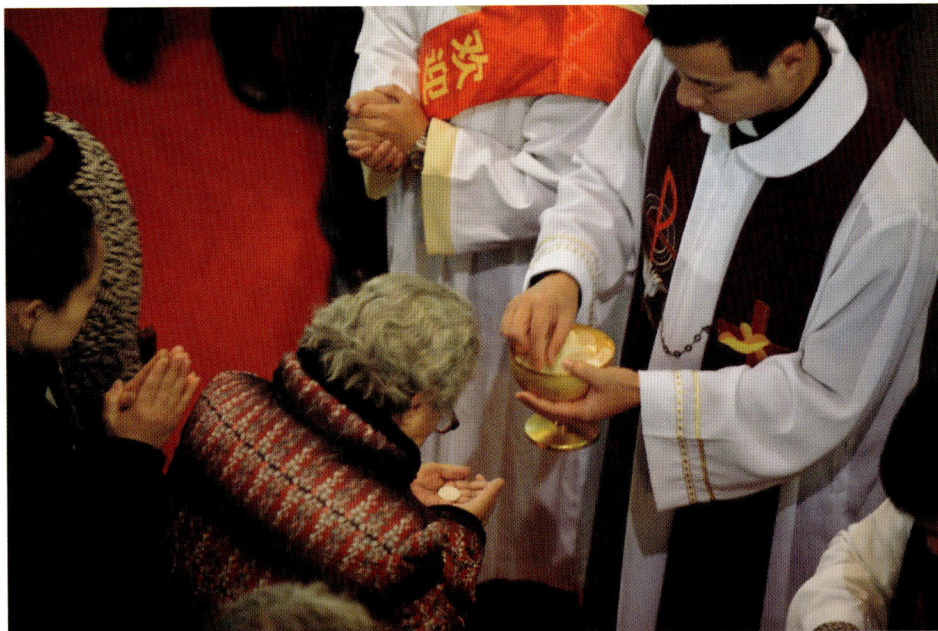

信徒在领圣体。弥撒是天主教团体最核心的崇拜聚会，包括祈祷、圣经诵读、讲道和耶稣最后晚餐的部分重演，是天主教会礼仪生活最重要部分。

参加主日弥撒的唱诗班

参加主日弥撒的信众

参加主日弥撒的信众互相握手祝平安

潮州市圣母进教之佑大教堂

　　1878年（光绪四年）邵斯升任广州教区第二任主教后，布塞克神父来到潮州继续开展传教工作。1885年，布塞克神父呈报潮州府，购得一口池塘作为修建教堂之用。1904年教堂落成，奉圣母进教之佑为主保，因此也称为圣母进教之佑堂。教堂顶上耸立的钟楼雄伟壮观，因此圣母进教之佑教堂也俗称为"时钟楼"。就建筑风格来说，圣母进教之佑堂是罗马式与哥特式的混合体，又因其模样像莫斯科克里姆林宫楼，故旧时潮州城有"肾衰目花，时钟楼看作莫斯科"的俗语。就建筑面积来看，圣母进教之佑堂在广东仅次于广州的石室天主大教堂。

　　教堂的第五层至第七层为钟楼部分。最高一层为半球型，灰铁结构栏杆绕着半球，高高的"十字架"耸立在半球中心之上。第六层则吊有一口铸有圣女若亚纳，并刻有拉丁文说明的大铜钟。钟高约1.7至1.8米，圆周两人不能环抱，一把重达20余斤的自动敲击锤每小时敲击两次，第一次提前2分钟敲击，第二次则正点敲击。第五层称为"种橱"，南北两面配有钟面，装上指针，距离几百米内都能清楚地看清钟面指针所指的钟点。钟橱里还装有一个小时钟，可用人工调节，带动和校正大时钟的钟点，传动部分有6个大大小小的齿轮，互相咬合传动。还有一根专门给大时钟上链的铁曲轴，另外一根两端分别系着两颗大铁锥的钢丝绳连接在传动轮上，由曲轴传动。每到周末，两颗铁锥便坠到钟楼底层的楼面，这表示大时钟快停了。这时就需要人来转动曲轴将大时钟上满链，使其能继续运转。1986年当地政府拨款重建钟楼，但悠远绵长穿过光阴的钟声再不复有。

潮州市圣母进教之佑大教堂内景。教堂内红色的大束柱，屋顶则是传统的中式檩梁结构。

潮州圣母进教之佑大教堂的祭坛

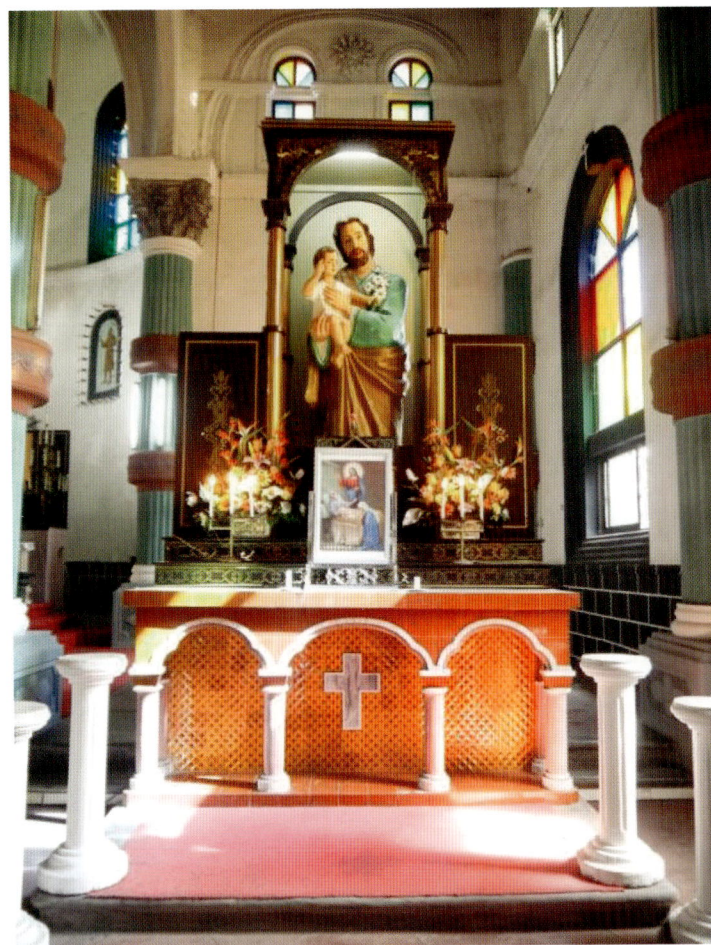

潮州圣母进教之佑大教堂内的小祭坛

潮州圣母进教之佑教堂内的天主教人物像。塑像脸部表情细腻生动，衣着色彩鲜明，有着浓郁的潮州泥塑风格。

饶平霞西堂。始建于1904年，2006年原地重建。

霞西天主堂也是饶平县天主教爱国会所在地

霞西天主堂附近的宗祠

霞西天主堂里参加主日弥撒的信徒

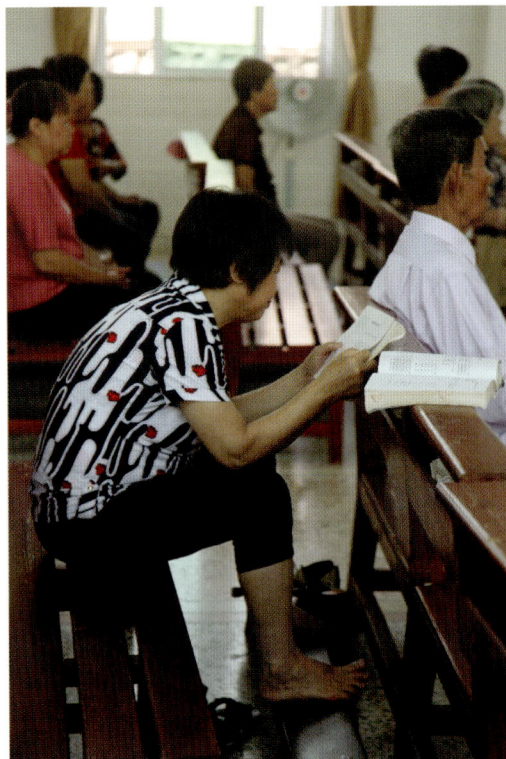

霞西天主堂里参加主日弥撒的信徒

霞西天主堂里参加主日弥撒的信徒

霞西天主堂里参加主日弥撒的信徒

教堂旁边的居民们喜欢在院子里聊天遛娃

梅州教区

天主教传入梅州地区始于清道光三十年(1850)，最初来梅州传教的李神父（Pierre Le Turdu,1821-1861）在梅县书坑购地建立第一间传教公所。清咸丰八年（1858）法籍神父卫加禄在兴宁赤沙建第一间天主教堂。清同治十一年(1872)董中和神父（Henri Vacquerel,1853-1936）在五华县长布镇源潭、棉洋镇北斗寨建天主堂。同年，彭神父在蕉岭县圣堂村建叟乐天主堂。清光绪十一年(1885)在梅县上黄塘建天主堂，光绪十六年（1890）在平远东石洋背建天主堂。至十九世纪末，天主教先后传入梅县、兴宁、五华、蕉岭、平远、丰顺、大浦等县，发展教徒3000多人。1925年，罗马教廷将法国巴黎外方传教会所管辖的兴梅天主教会划归美国玛利诺外方传教会管理，并设立嘉应教区，管辖梅县、兴宁、五华、蕉岭、平远、大浦以及龙门、和平、连平9个县。嘉应教区设立后，天主教在五华、梅县、兴宁、蕉岭等地得到较为迅速地发展。1933年至1945年间，教会先后在桥江塘唇寨、华阳华东、水寨大布、锡坑老楼、华城东山凹等地建有五座教堂，教徒日增，至1949年已发展到7000余人。在梅县，设立了梅城、松口两个祈祷公所，畲坑、长沙、石扇三个分堂，以及丙村、南口、书坑、洋门、长滩五个祈祷所，教徒达2000多人；在蕉岭，1930年教区开始在蕉城兴建天主堂；在兴宁，发展了2000多名教徒；地处偏僻的平远县，在东石、石正也建了两座教堂，有教徒600余人；在大埔，天主教传入大概是在1904年，在大埔三河建起第一间天主教堂，后来在茶阳、高坡均建有教堂，教徒近800人。丰顺则划归汕头教区，不再隶属嘉应教区。

1935年美籍传教士福尔德在美国升任嘉应教区第一任主教，1949年委任中国籍神父蓝国荣为副主教。1927年教会在梅县上黄塘创办圣若瑟修院，后改为梅县圣若瑟中学。1938年在梅城江南购地30多亩，兴建主教府、神父楼、玫瑰修女院等。1940年创办《我们的牧区》月刊，后改名《新南星》，由许嘉璐神父主编。中华人民共和国成立后，教区外国籍传教士离境，1950年美籍主教福尔德以间谍罪被捕。1964年后教会停止活动。1978年以后重新落实党和国家的宗教政策，宗教活动逐步恢复，教产逐步得到落实。1981年广东省天主教两会决定将原嘉应教区改为梅县教区，负责管理梅州的教务。1994年省天主教两会决定将河源市及所属县天主教教务划归梅州教区管理。2013年至2015年间梅州教区新建成主教座堂圣家堂、主教府、修女院、培训中心、综合楼等建筑。教区创办有圣母传教女修会和圣心仁爱会。梅州教区历任主教有3位，其中美籍为福尔德主教，中国籍为钟全璋主教、廖宏清主教。

正在修建中的天主教梅州教区主教府和主教座堂

正在修建中的天主教梅州教区主教府和主教座堂

2016年9月落成开放使用的梅州教区主教座堂

梅州教区主教府

梅州主教座堂祭台

梅州教区廖宏清主教主持修士晋升执事礼仪

准备参加弥撒礼仪的读经员

梅州教区修女们参加修士晋升执事礼

参加修士晋升执事礼仪的信众

丰顺县汤坑镇天主教玫瑰圣母堂

民国四年（1915），法籍龚善传神父主持筹资建堂，建筑面积7000多平方米，礼拜堂建筑面积约250平方米，为一渡船形状建筑。1984年落实宗教政策后归还教会，1986年5月重新开放为宗教活动场所，至1998年有神父楼、修女楼、教友客房等建筑，建筑面积约2500平方米。

丰顺县汤坑镇玫瑰圣母堂内景

丰顺县汤坑镇天主教堂大院内，两位教友在聊天。

《紫金县志》载，该县长期以来多信奉佛教以及"太上老君"神符驱邪治病的道教。清末，基督教、天主教相继传入，信徒不多。位于紫金县黄塘镇腊石村的天主堂始建于1916年，为土木结构。教堂于2010年进行了重修，并为这座百年老堂举行了隆重庆典。

紫金县黄塘镇腊石天主堂

黑瓦白墙的腊石天主堂，完全是当地传统中式民居式样。

腊石天主堂内景图

　　五华县棉洋镇北斗天主堂由法籍董中和神父建于1885年，于1903年落成。后由加籍慕道宏神父建成两钟楼，为仿哥特式建筑风格，曾历经风雨。1985年宗教政策落实后，教堂由历任本堂神父不断修缮。

五华县棉洋镇北斗天主堂

北斗天主堂内景图

江门教区

　　1923年粤中主教区正式成立，为江门教区前身，当时由美国玛利诺外方传教会管辖，主教座堂设在阳江。翌年迁至江门北街。1927年升格为江门代牧区，1946年升格为江门教区，管辖地区包括江门、新会、赤溪（今恩平）、台山、阳江、信宜、茂名、化县、罗定、郁南、云浮、电白等1市11县。下设高州、阳江、台山、罗定四个总堂。建有主教府楼、男修院、圣母圣心堂、女修院各一座，圣若瑟堂一间三座，另有木工房、厨房等建筑物。在本教区范围内建有教堂31座，除阳春、电白、吴川未设立教堂外，其他市县均有教堂。1951年7月北街天主教主教府被接管，教区内各堂点自行管理，部分人员被遣散回乡。1952年教区内的外籍传教士全部离境。1958年省天主教友首届代表会议决定，肇庆地区、中山县、高明县划入该教区，康应年当选为主教（未祝圣）。1981年李磐石任主教。1983年省天主教教务委员会决定，佛山市、江门市、肇庆地区天主教会组织合并为江门教区。1985年1月原属教区主教府的房产按政策归还教区。1986年8月成立天主教江门教区教务委员会，下辖江门、中山、佛山、肇庆阳江、云浮、茂名7个地级市的教务工作。1994年3月省天主教教务委员会对各教区重新划分，原属江门教区的茂名市高州、信宜、电白、化州的教务工作划归湛江教区管理。1989年复办教区修女院，现有圣母洁心会。历任主教有5位，其中美国籍2位：华理柱（James Edward Walsh，1891–1981）、柏增（Adolph John Paschang，1895–1968）；中国籍3位：康应年主教、李磐石主教、梁建森主教。

　　在绿树丛荫掩映下的这座灰砖绿瓦红木单层建筑，看起来完全是一座中式建筑，几乎看不出来是一座天主堂。整个教堂呈"土"字形，占地面积只有430平方米，仅可容纳数百信徒在此礼拜。教堂内部则使用了中式的檩梁架构和立柱，窗户则是中式的格扇窗中镶嵌着彩色的玻璃。同属于江门教区的云浮市，其天主教堂的风格跟江门这座圣母圣心堂一脉相承。

圣母圣心堂航拍图。从空中俯瞰，整座教堂呈"土"字形。

江门教区主教座堂圣母圣心堂

江门教区梁建森主教在主持弥撒

参加弥撒的百岁老修女

弥撒中专心唱赞歌的修女

弥撒结束后

　　1927年，罗马教廷将广东江门升格为代牧区，由华理柱（James A.Walsh）神父担任江门代牧，同年他被祝圣为主教。在其后十年时间里，不断拓展教务，江门教区所辖地区包括新会、台山、阳江、赤溪、茂名、信宜、电白、罗定、郁南、花县、云浮等县市。在升格为教区之后，主教府不断扩建，至今除教堂外仍保存有主教府、男修院和女修院等建筑物。现在，由主教堂、主教府和新修建的女修院组成了一座院落。穿过铁门走进庭院，首先映入眼帘的是建得最早的两层楼高的主教府，绿瓦屋顶，红色砖墙，蓝色窗框，肃穆的耶稣像，空寂的庭院更衬托出一份独有的雅静和清幽。

江门教区主教府

维修前的圣母圣心堂。门上的堂名被破坏掉，连痕迹都没有了，墙上的革命标语仍然可见。

1929年时的圣母圣心堂（图片来自南加州大学网上数码图书馆）

1933年时的江门教区主教府（图片来自南加州大学网上数码图书馆）

1933年时的圣母圣心堂（图片来自南加州大学网上数码图书馆）

1935年时的圣母圣心堂（图片来自南加州大学网上数码图书馆）

1936年时的修女院。现在围墙已经拆掉，前面的草坪变成了技校的足球场。（图片来自南加州大学网上数码图书馆）

中山市天主教堂

中山市天主堂内景图

佛山市天主教堂

顺德大良天主堂

顺德大良天主堂内景

天主教顺德堂区

顺德天主堂内树立的"天主十诫"和"社会主义核心价值观"宣传牌

湛江教区

　　湛江地区的天主教会原属北海教区管辖。1966年北海地区从广东划入广西。"文革"结束后，湛江地区的天主教活动逐步恢复，但教区一直没有建立。1990年广东省天主教"两会"决定设立湛江教区，管理湛江市及市属各县的天主教会。1994年3月原属江门教区的茂名市天主教教务也划归湛江教区管理。1995年3月19日湛江教区正式成立，首任主教陈除主教祝圣典礼在霞山天主堂举行。教区创办有圣母无原罪女修会。历任主教有陈除主教、苏永大主教。

　　1900年至1902年，到湛江传教的法籍神父，设计并指导本地工匠在广州湾西营建造了这座天主教堂。教堂建成后，由法籍神父驻堂管理，历经四任，直到1949年。霞山天主堂于1984年12月19日举行了复堂典礼。1990年天主教湛江教区设立，教堂作为主教座堂成为湛江天主教的传教中心，霞山天主堂也是粤西地区最大的天主教堂。

　　霞山天主堂的外观比较简洁，没有繁复的装饰线条、雕像、神龛等，但因保留了哥特式教堂的主要特点，仍显得比较宏伟壮观。霞山天主堂采用了哥特式教堂的典型构图：双塔夹着中厅的山墙，垂直地分为三部分，山墙檐头上的栏杆、围着整个建筑的两圈线脚把三部分横向联系起来。正门的门洞位于山墙底部居中，门洞顶部为尖券，没有层层内缩的线脚装饰，尖券之上是斜交线脚顶着一个十字架，两侧有顶着小尖塔的装饰柱。山墙中部两圈线脚之间，有圆形的象征天堂的玫瑰窗。钟塔塔尖开有玻璃亮瓦天窗，又有许多砖块突出在几条肋上装饰，是整个建筑显得最轻盈的地方。教堂的平面按法国哥特式教堂的传统做法，有礼拜堂、神父休息室和一对钟塔。

　　礼拜堂采用巴西利卡型制，由长方形的中厅加两边较窄的侧廊组成，建筑面积约600平方米，高24米（包括尖塔），能同时容纳1000多人听弥撒。礼拜堂的长边朝向为南偏东，开有大面积长窗，中厅高于侧廊处开有高窗，窗户的通花使教堂内光线柔和，显得阴凉舒适。窗户为彩色玻璃窗，由多个菱形格子构成，尽管格子里只是简单地镶嵌着红、蓝、绿、黄等彩色玻璃，但是当光线透过这些玻璃进入教堂时，仍然会有绚丽和梦幻的感觉，更是给教堂增添一种神秘的宗教气氛。

　　霞山天主堂建筑有严密的排水系统。在柱或墙的中间藏有雨水管，有特别的排水口排出柱或墙外，排水口造型独特，富有装饰性。有趣的是钟塔的东西面各有一对雕刻成龙头形状的排水口，排泄塔尖泄下的雨水，与排水口相接的墙面上甚至雕有龙身及龙尾，这是传统的中式做法。

　　霞山天主教堂的建造年代正处在19世纪末至20世纪初欧美向现代建筑的过渡时期。这一时期，生产力急剧发展，技术飞速进步。教堂使用了成熟的砖石技术，局部用了铁骨混凝土这一在当时比较先进的材料，这些正是西方建筑技术发展状况在湛江法国殖民地时期建筑中的反映。纵观霞山天主教堂，无论从结构、内部空间、外观以及细部处理上，都是一座较典型的法国哥特式建筑，也是近代湛江法式建筑的佼佼者。与后期的教会建筑或其他殖民时期建筑相比，在它身上还没有多少本土建筑文化的影响，只有中国工匠在教堂上留下的小小龙头排水口，似乎预示了其后将不断发生的中西方文化的冲突与融合。

霞山天主堂

霞山天主堂的双塔

霞山天主堂正立面

这座开卷书本式样的石雕，简要介绍了霞山天主堂的情况。

霞山天主教堂是湛江市文物保护单位

　　霞山天主堂的内部空间并无繁复的雕饰，只有简洁的束柱和拱肋。束柱如同十字拱和骨架券的枝干，使得整个结构像从地面上升起一般，挺拔向上。拱肋向上高耸交叉，整个空间就显得庄严高大。教堂地面铺满小方阶地砖，中间通道用黄色的地砖铺成以区别于两边彩色的地砖。教堂内装饰最引人注目的是四周的彩色玻璃窗。扇叶由多个菱形格子构成，格子里镶嵌着红、蓝、绿、黄等彩色玻璃，当光线穿过这些彩色玻璃进入教堂，就会产生梦幻般的绚丽光影，为教堂增添一种神秘的宗教气氛。

霞山天主堂内景图（2015年）

雷城耶稣圣心堂

雷城耶稣圣心堂

　　雷城耶稣圣心堂坐落于雷州市雷城镇中东街1号，创建于清光绪八年（1882）。最初时由旧铺改造为教堂，后来两次扩建维修。规模最完整时有大礼堂、钟楼、花园、宿舍等建筑。1890年，由法籍郑逸吟神父购买"伏波庵"改建成露德堂，供修女们居住。1988年底举行了复堂仪式，恢复正常宗教活动。当时教堂只有一层平顶混合楼，非常简陋，为满足需要，湛江教区于2006年7月奠基重建，2010年12月16日举行了隆重的重建开堂典礼，成为粤西地区较有特色的教堂之一。

深圳教会

随着《南京条约》等一系列不平等条约签订和香港割让，天主教传教士纷纷进入港岛布道传教。按《南京条约》规定，外国传教士只能在香港、广州等几个商埠活动，不得进入内地传教。清道光二十一年（1841年），香港岛及其周围3公里，脱离澳门教区成为监牧区。咸丰八年（1858年），罗马教廷将香港监牧区交由意大利木兰传教会（后改称为意大利米兰宗座外方传教会）负责管理，该会雷纳神父（Fr.Paul Reina）、高神父（Fr.Timoleone Raimondi）和达泽尼修士（Bro.Tacchini）相继抵港。该会立足香港，以香港为中心不断向周边村、县扩展，深圳因之成为天主教向广东全境以及内地纵深传播的重要桥头堡和中转站。咸丰十年（1860年）左右，天主教传入深圳。同治元年（1862年），意大利米兰外方传教会和神父（ Fr.Volonteri) 在横岗南靠近塘坑的太和（今龙岗区横岗镇太和村）兴建一间教堂和一间学校（今已不存），是深圳历史上第一间天主教堂。自此，天主教外国传教士传教的足迹踏遍原新安县各个村落。到清同治十二年（1873年），新安县已有教堂15间，信徒600多人，是深圳天主教第一个兴盛阶段。

同治十三年（1874年）11月，香港监牧区升为代牧区，范围包括新安县（前宝安县）、归善县（今惠阳县）和海丰县，意大利高神父（ Fr.Timoleone Raimondi 1827–1894 ）委任为宗座代牧并祝圣为主教。天主教在深圳地区传教范围进一步扩大。第二次鸦片战争之后，清政府被迫开放内地，天主教会从此长驱直入，在当时新安县南头、福永、葵涌、布吉、观澜浪口等地纷纷设立教堂和宣道所，发展教徒，其时天主教建堂24处，祈祷所4处，教徒人数近2000人。由于当时的传教带有殖民主义色彩，因此在传播过程中也遇到民众抵制。中法战争后，天主教在深圳的传教一度陷入困顿。

光绪三十一年至三十二年（1905-1906),传教活动深入到新安县东部屯洋（今龙岗区葵涌镇土洋村）、沙鱼冲一带，并由嘉乐神父、林荫棠神父（Fr.Peter Lam yung）和赖神父（Fr.Attilius Poletti）分别主管这一地区的西部、中北部和东部的传教。到民国二十年（1931年），原新安县天主教传教划分为南头、深圳、屯洋（今土洋）三个区，而原平山（包括今龙岗区坪地镇、坪山镇范围）一带归入归善县（今惠州、惠阳）。这一时期，天主教在深圳纷纷建堂布点，仅民国十六年至二十一年（1927-1932)，先后有6间教堂落成并祝圣。这是深圳天主教历史上的第二个兴盛时期。此时全县范围内有教徒2000多名，活动场所30多处，包括教堂20座、公所4个 、学校5所、育婴堂和医院各1所、安老院和圣山各1处。

随着传教的发展，教会开始逐渐本土化。到光绪二十六年（1900年），天主教传道语言和传道人员已经基本本土化。20世纪30年代之前，深圳天主教会也从早期开堂布点式扩张转为注重牧养等教务和社会服务。当时各堂所大多设立学校，兴办医院、育婴堂、安老院等慈善机构。光绪三十一年（1905年），隶属意大利天主教圣外方传教会的嘉诺撒仁爱女修会

（The Canossian Sisters）在深圳南头城开办的"育婴堂""乐善医院"，大量收养穷苦孩子和孤儿，为病人施药治病，在当时极有影响。同治二年（1863年），意大利天主教米兰外方传教会会士和神父（Fr. Volonteri）、梁神父（Fr.Andrew Leong）实地绘制出的《新安县全图》，是迄今最早用西方测绘方法绘制的地图。

1941年12月至1945年8月，日军侵占香港。由于战乱局势动荡，神父大部分离开深圳地区，天主教活动几乎陷入停顿。中华人民共和国成立后，从1950年代开始，深圳天主教积极参与独立自主自办教会道路的爱国运动，脱离从属香港教区关系，摆脱外国教会行政、教务和经济控制，由中国神职人员和信徒自办教会。深圳地区天主教归并到新成立的惠阳教区，由叶荫芸神父调任惠阳教区主教。由于惠阳教区神父很少，无法主持和管理教区内所有堂点，深圳大部分地区宗教活动逐渐停止。至建市前，深圳天主教活动全部停止。

1981年9月21日，广东省天主教第三届代表会议决定撤销惠阳教区、划入广州教区，但深圳地区未纳入新成立的广州教区管辖。深圳建市后，来自全国各地新移民大量涌入，其中有不少天主教徒，故落实宗教政策、解决教徒宗教生活呼声日盛。1989年，深圳市成立天主教爱国会筹备领导小组。根据《深圳市志·宗教志》记载，到2000年，全市共开放教堂5处，教友9800余人。至2019年，深圳天主教有信教群众3.5万，登记开放宗教活动场所11处，市级宗教团体2个，区级宗教团体3个。2018年深圳市天主教教务委员会成立。

深圳圣安多尼天主堂位于深圳市福田区农林路65号。1998年4月奠基，2001年12月竣工，是改革开放后深圳市第一座新建的天主教堂。教堂正立面既像"钟"又像"船"，隐喻警示钟同舟共济的精神，其设计体现了经济特区的天主教风貌，具有强烈的时代性。它也是一个国际化的堂区，提供英语弥撒和法语、德语、意大利语等语种读经。

深圳圣安东尼堂

圣安东尼教堂院子里的方济各·沙勿略纪念亭，以及镌刻在柱子上的仁、义、礼、智、信。

圣安东尼堂本堂张天路神父主持弥撒

修女在弥撒中弹奏管风琴

圣安东堂内弥撒进行中

新冠肺炎疫情期间，圣安东尼堂按照防疫要求开放，进行宗教活动，信众在弥撒中佩戴口罩保持间隔一米距离。

新冠肺炎疫情期间，佩戴口罩参加弥撒的信众。

　　南头天主堂，位于深圳市南山区南头城朝阳北街210号，又名"圣弥额尔堂"。始建于清同治元年（1862年），为意大利籍神父所建。到同治十三年（1874年）已发展为原新安县传教中心，开办有一间孤儿院。光绪十一年（1885年）前后因中法战争的影响而暂时关闭，光绪十六年（1891年）重新开放。历史上，该堂曾管理原新安县附近地区及原蛇口墟的教徒。光绪三十一年（1905年）嘉诺撒修女会将其孤儿院扩办，专门收养今属宝安、龙岗、东莞、惠阳等地的弃婴和病残儿童，其影响甚至大于教堂，因此该堂又被称为育婴堂。第一次世界大战期间教堂和育婴堂都曾受损。1913年由香港教区出资修复。1958年教务活动停止。1984年9月深圳市政府确定该堂为市重点文物保护单位。1992年产权和使用权全部归还教会，同年圣诞节举行复堂仪式，正式开放。

南头天主堂

南头天主堂内景

龙岗天主堂。2014年4月26日奠基，2018年6月竣工验收。

第三章　扎根于斯土

——广东天主教教徒村掠影

天主教在晚明时期传入广东，传教士不仅在交通便利的城镇开展传教活动，也把这种信仰带到了偏僻的乡村，从而形成了另外一种乡土社会——教徒村。简单来说，教徒村其实就是天主教徒集中居住的地方，与中国传统村落不同则在于村子的核心是教堂而非祠堂。

随着天主教在中国传播，教徒村在空间上分布在平原、丘陵、山区。有村就有名。作为特定地理实体的指称，地名不仅代表着命名对象的空间位置和类型，还常常反映当地的自然地理或人文地理特征。广东教徒村的地名意义及特征，从字面就可以看出其丰富的类型。比如，直接反映地理地貌的，如杨厝村、圩平村、崎坑乡；地理形态加物产特征的，如蕉岭；记叙人文历史或某些特定事件的，如牛皮地；反映信仰内涵的，如圣三村、白冷村、圣若瑟村等。

广东最早的天主教教徒村庄是韶州（今韶关）的靖村，缘于当时利玛窦由肇庆入韶州传教所致。《利玛窦中国札记》曾记载在靖村教堂举行的第一台弥撒的具体情况。作为明末中国乡村社会的一个典范，靖村已经具备了基层教会组织的内涵和元素：如教堂的建立，负责人的安排、礼仪的举行（圣水、瞻礼单等）。

广东地区教徒村形成的原因主要有三种，一是19世纪中叶以后受条约保护，由传教士直接建立的教徒村，如海丰的牛皮地；二是19世纪末期因不平等条约保护，以民间诉讼为契机而组成的教徒村，如揭西棉湖镇的玉石村。此类教徒村的形成多在晚清以后，因为当时的传教士享有"治外法权"和"领事裁判权"的保护，使得教会常常在参与司法程序时扮演强势的角色。如果能得到教会帮助的话，通常都会在诉讼中获胜。在教会帮助下赢得官司的村民会以皈依天主教作为回报。三是因灵异事件获得教会帮助后导致家族皈依天主教，如陆河县东坑镇富口村。

康熙晚年发生的"礼仪之争"，导致天主教在中国失去发展的机会。雍正初年，朝廷全面实行禁教，教会活动跌入低谷，开启"百年禁教"。天主教在华进入秘密传播状态。广东的天主教会也深受影响，但因广东毗邻澳门，仍有传教士从澳门秘密潜入广东开展传教活动。例如，清朝初年，有西班牙多明我会传教士杜士比、丁热力在盐灶传播天主教。1720年，澳门西班牙多明我会传教士进入惠来葵潭石门坑传教（距离葵潭9公里）。乾隆元年（1736年）天主教传入潮阳县海门镇，再传至达濠的澳头村，1820年传入揭西县大洋，1850年传入澄海。

第二次鸦片战争后，广东天主教快速发展。清政府给法国照会中提出的"保护教名章程"极大地刺激了天主教在中国的传播与发展，传教点和信徒逐渐增多，划分和成立新的教区，初步形成了广东乡村教会的发展格局。目前广东天主教教徒村主要分布在粤东一带，信徒和教堂最为集中的地区有汕尾、汕头、揭阳、潮州、梅州等地，也即是潮汕地区和客家地区，至今广东的神父和修女们，绝大多数都出自这两个地区，其中不乏著名人物以及主教。目前广东最大的教徒村是惠来县的白冷村，有教徒数千人，村民自称其村名是"伯利恒"，以表明村庄的神圣性。而位于揭西的上山村，则是一个大约有130年天主教传入史的教徒村，1949年以前先后有3位法国籍神父作为该村的驻堂神父，1949年后该村又先后走出8名神父和4名修女，其中包括现任广州教区主教，被誉为"上帝的山葡萄园"。而陆河县水唇镇博背村，则被誉为"圣召村"，陆续晋升5位神父和7位修女。根据相关资料和研究显示，1966年全省50名教徒以上的村子有156个，人数为31144人，占当年全省天主教徒人数的58%；1992年，广东全省天主教教徒人数在1000人以上的乡镇有36个，100人以上的行政村（管理区）296个；截至2015年，广东省内天主教徒占比大于或等于50%的自然村共有49个，主要集中在粤东地区的汕尾市、揭阳市和粤西地区的湛江市。全省教徒村中，信徒人数超过1000人以上的有5个村庄，分别是汕尾市海丰县可塘镇新丰村（牛皮地）、汕尾市陆丰县八万镇石溪村、湛江市廉江市城南街道山寮村、揭阳市揭西县上砂镇上山村、揭阳市惠来县东港镇白冷村。此外，信徒人数在500至1000人的村落有16个。

天主教作为异质文化在中国广阔的乡村社会传播，与中国乡土社会文化逐渐相互影响和发生嬗变，然而两种不同文化的碰撞所带来的并不是激烈的冲突，而是一种奇妙的融合，扎根于斯土。嵌入到乡土社会的天主教，在与乡土社会长期的互动中，逐渐中国化，并成为当地社会生活的一部分甚至以传统的形式保留下来。天主教的礼仪和中国农村传统的伦理观念、风俗习惯有机地结合在一起，仅仅从教堂的建筑风格和内部装饰、家家户户粘贴的天主教对联、圣山（公墓）、教友家庭的陈设以及村民言谈间反映出的观念和想法等方面，就能粗粗领略到这两种文化之间的相互影响和交融。

天主教在乡村社会中发挥的积极社会功能也得到了普遍的认可。天主教的信仰成为村民们的生活规范和精神支柱。对于个人来说，信仰不仅仅给予了心灵的慰藉，也获得了面对生活的勇气，能够以一种积极乐观平和的心态去生活。即使遇到困难和挫折，更多的是反省自己的言行，检视自己信仰上的虔诚程度。因为天主教对婚姻和家庭的强调和重视，天主教徒们对于婚姻的态度会比较谨慎，组成家庭后也多数是其乐融融，并能与邻里相亲之间守望互助、共同扶持。黎敏菁的研究指出，教徒村大多地处偏远，村庄相对封闭，交通不便，在多年的城镇化过程中，有些村庄因行政区划调整等原因已不复存在；有些教徒村依然坚守，保持传统；有些则已受作用于城镇化，重新塑造信仰生活方式。不管是传统或现代，在当前中国乡村社会经济、政治乃至管理结构发生激烈变革的时期，天主教信仰中的向善和爱，以及对神的敬畏，仍然能够营造出祥和、宁静和快乐的乡村精神家园。

方洞村：先有方洞，后有石室

韶州（即韶关）是利玛窦在中国内地传教的第二站。在韶州，利玛窦易僧服为儒服，实现了传教活动的历史性转变。利玛窦在韶州传教6年（1589-1595），建立了耶稣会传教团据点，为其及天主教向南昌、南京和北京发展打下了坚实的基础。韶州也因此成为天主教传入广东最早的地区之一。明万历十七年（1589年）意大利传教士利玛窦等人即到韶关传教。1920年罗马教廷正式颁布命令，将粤北从广州教区分出，设立韶关教区，管辖韶关、曲江、南雄等地天主教会，由意大利慈幼会管理。意大利籍神父雷鸣道（Louis Versiglia，1873-1930）被任命为首任主教。1926年创设主教府。1946年改名为南韶连教区。1948年意籍神父欧弥格（Michele Alberto Arduino，1909-1972）被任命为主教，1952年离境。中华人民共和国成立后，韶关市天主教徒积极投入反帝爱国运动。1951年成立市天主教"三自"革新运动筹备委员会。1953年正式成立市天主教友爱国会。1958年自选自圣夏学谦神父为主教。1981年广东省天主教"两会"决定将英德划入韶关教区。清远设市后，韶关教区管理韶关、清远两市的教务。现在韶关教务由广州教区代管。教区历任主教有4位，其中意大利籍为雷鸣道主教、耿其光（Ignazio Canazei，1883-1946）主教、欧弥格主教，中国籍为夏学谦主教（1951-1958年为代主教，1958-1976年为主教）。

方洞村位于韶关市始兴县，地处粤赣交界处。天主教堂在村东面，坐东南朝西北，居高临下，俯视全村。教堂始建于清朝康熙六十一年（1722年），光绪元年（1875年）重建。据《始兴乡土志》载，"清康熙年间，方洞何姓往客澳门，遂入天主教，归设天主教堂于方洞，此为宗教入境之始。"又据《始兴县志》载："康熙六十一年（1722年），跃溪（现澄江）方洞村何某客居澳门入天主教，引法国神父设教堂于方洞，为天主教入境之始。"故民间有"先有方洞天主教，后有广州石室（教堂）"之称。清朝光绪元年（1875年），波兰籍传教士耿其光在原址重建教堂，为意大利式砖木梁架结构，分教堂、三德堂（姑娘堂）和学堂。还曾设一所医务所，为始兴西医、西药传入之始。教堂南侧竖一根大杉木柱盘上纽丝楼梯，为上二楼唯一通道；柱顶悬一座青铜钟。清光绪元年（1875年）教堂重建，钟悬于南纽丝楼顶，作教堂做弥撒和聚友时等用。1970年，教堂建筑基本被毁。1987年重建，次年成立方洞天主教爱国会。教堂青砖砌二面坡悬山顶，盖灰瓦，有两层高，高10米，宽11米，进深20米，面积220平方米。青砖砌拱大门，额绘十字架（绕花），顶书"天主堂"字，两侧置青砖筑额窗；在二层中央砌拱额窗，两侧置方形窗，堂内悬耶稣、圣母等像，并配联。

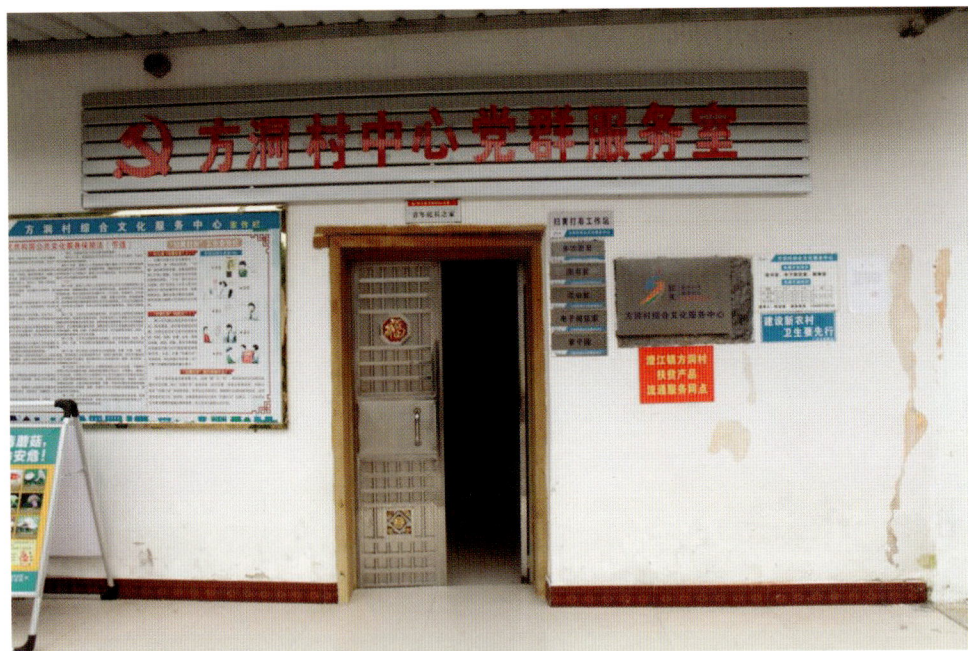

方洞村中心党群服务室

方洞村天主堂

方洞村天主堂内景

方洞天主堂内的对联之一

方洞天主堂内的对联之二

方洞天主堂里简陋的告解椅

悬挂于教堂一侧的铜钟

新冠肺炎疫情期间，教堂暂停开放。

方洞村的村民。鼎盛时期的方洞村有170户人家，700多人，现在常住人口还不到百人，村子在慢慢凋零。

白冷村：粤东伯利恒

清道光二十五年（1845）由法籍神父马智远所建，初为一座200平方米的小教堂。光绪十九年（1893）法籍明方济神父发动教徒募捐，重建一座占地面积400平方米的教堂，同时兼有一座两层楼的神父楼，开办明德小学和育婴堂。当时白冷村为教徒聚居村，有教徒3080人。

白冷村教堂

白冷村教堂内景

白冷村教堂祭台

修女和村里的孩童

白冷村里一对普通的教友夫妇

修女在村里服务

龙安村：客家村里的圣堂

　　叟乐天主堂位于梅州蕉岭县兴福镇龙安村，龙安村是一个典型的客家村落。清道光三十年至咸丰十年（1850-1860）由法籍彭神父在该地建筑教堂。同治十一年（1872）建成现存的这座老圣堂（无染原罪圣母堂），为泥砖建筑物，祠堂式结构，龙安村亦因这座教堂而得名"圣堂村"。"龙安"是中国的传统宗教文化意象，"圣堂"则是西域宗教文化的符号。张宪教授曾指出，一个普通的客家村落既得"龙安"，又有"圣堂"，真实恰到好处地诠释融通了中外文化的宗教意符。民国十七年（1928），这座老教堂改建为水泥框架结构，1997年新建教堂后停止使用。它是目前广东较为古老的教堂之一，现已被列为危房。这座老教堂四面有围墙，大门口正对着主要村道。围墙里面，还有神父楼、修女楼、新教堂和旧修院等。神父楼为早期建筑，约有百年历史，现为蕉岭县天主教爱国会所在地；修女楼在2000年建成，现为梅州教区圣母传教修女会所使用；旧修院因年代久远，已不再使用。

蕉岭县叟乐天主堂（老圣堂）

老叟乐天主堂内景

老叟乐天主堂祭台

老叟乐天主堂前的圣水钵

老叟乐天主堂祭台前的栏杆花纹

新的叟乐天主堂

读经台

教堂一角的《圣经》放置柜

　　新教堂如同大多数的乡村教堂一般，以实用功能为主。夕阳下，读经台、角落里的《圣经》放置柜、教理讲授的黑板、墙上张贴的圣母像，一切都显得那么柔和静谧。

曳乐天主堂祭台

祭坛上悬挂着"万有真原"的楹联。康熙五十年（1711），康熙皇帝题赠宣武门内天主堂律诗，御书匾额"万有真原"，并赐对联一副："无始无终先作形声真主宰，宣仁宣义聿昭拯济大权衡"。"无始无终"指天主的性体，所谓"真主宰"、"大权衡"表明康熙皇帝对天主的认同，"宣仁宣义"说明其承认天主"仁爱、正义"的特性，这些都表现出康熙对天主教信仰的理性认知。因这副楹联为康熙帝所作，也由此成为天主教楹联历史上使用时间最长、频率最高的一幅。

对于这座客家人的"圣堂村"，张宪教授亦指出，客家人之所能接受天主教，历史原因是家族生存的不断迁徙，生存地域的变换，一方面虽然可以积淀并强化客家人对固有乡土的依恋，对宗族祖先原来护佑神力的渴望，另一方面却又容易吸纳各种非客家文化的"外来文化"因子，把这些因子转化为"正统的"客家文化元素。就像"圣堂村"的天主教徒，虽然把天主教信仰的天主作为仿佛是客家传统崇拜的"天公"那样加以敬拜，却没有由此变成欧洲天主教徒。"圣堂村"的这些天主教徒，其宗教生活方式仍然不折不扣地保持与自己客家文化的"同质"相容。

叟乐天主堂旁的老修女楼

老修女

老修女和龙安村的老教友们，他们平均年龄已经超过70岁了。2014年蕉岭县还被正式授予"世界长寿之乡"称号。

叟乐天主堂旁的神父楼，蕉岭县天主教爱国会也设在此处。

圣三村：飘于天南重地里的乳香

圣三天主堂位于雷州市海康县纪家镇先锋村，又因该村是教徒村，村中有教堂名为圣三堂，村子亦称为圣三村。圣三堂为巴黎外方传教会在清同治十二年（1873年）创建，初为砖木结构的平房建筑，光绪二十八年（1902年）曾大规模扩建，光绪三十年（1904年）竣工。建筑物完整时由大礼堂、钟楼、修女宿舍、图书馆和角楼等，是当时雷州半岛最大的教堂。民国三十七年（1948年），大部分建筑物遭到焚毁。"文化大革命"期间停止一切教务活动。1985年落实宗教政策后重新开放为宗教活动场所。1994年教堂重建。

先锋村圣三天主堂大门，两侧绘有宣传教理的图画。

台风过后的院落，分别矗立着怀抱小耶稣的圣母雕像和耶稣塑像。

圣三村天主堂

圣三天主堂内，有村民教友在祈祷。

村里信徒家里张贴的中国对联

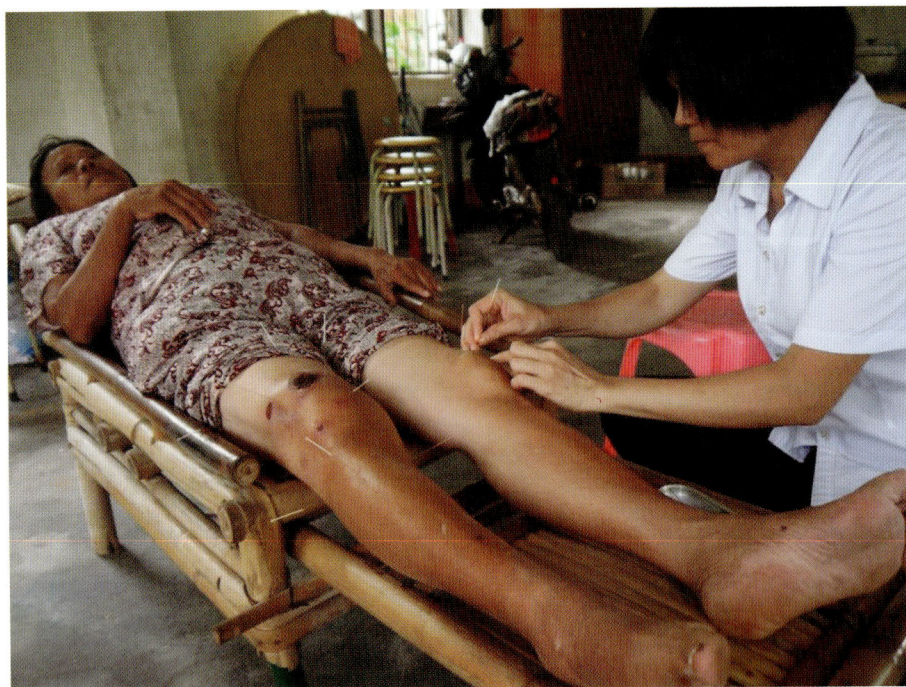

在圣三天主堂服务的修女，曾经学过医，会针灸，村民喜欢来找修女扎针作治疗。

圣三村里的普通信徒

第四章　作光兮作盐

——广东天主教社会服务事业管窥

近年来，广东省天主教界在党和政府的指导下，在省天主教"两会"的带领下，将"作光作盐"的天主教训导融入社会主义核心价值观和社会实践中，各地爱国组织和教区积极参与社会公益事业，在救灾、扶贫、济困、助残、养老、助学、义诊、环保等方面努力服务社会，发挥宗教正能量，为天主教会树立了良好的社会形象。在历次的大灾大难面前，尤其是四川汶川和青海玉树大地震、以及四川雅安地震，以及2020年新冠肺炎疫情，广东天主教界每次都踊跃捐款出资赈灾。这也是广东天主教坚持中国化方向，与社会主义社会相适应的具体体现。

广东天主教社会服务事业呈现出来的主要特色，大体上与全国天主教界开展公益慈善事业的发展趋势是一致的：即从改革开放初期的实现教会自养自立到主动开展社会服务事业，并下沉到基层；从以教堂和教区为主体开展慈善公益活动到成立专门公益慈善机构，依法依规，走上法治化道路；从临时性的、无序的公益慈善服务到常态化的、制度化的方向发展，呈现出丰富多元性。

首先，广东省天主教"两会"在广东省民族宗教事务委员会指导下，每年都在省内各地进行教情调研，其中也包括慈善调研，对当地教会开展公益慈善活动加以指导和宣传，同时安排各地教会互相之间就公益慈善活动开展情况进行交流学习。各教区主教和神父们也经常到所辖地方了解情况，有序推动当地教会开展慈善工作。

其次，在多年服务社会的经验中，广东五大教区和深圳天主教会也形成了各自的传统和特色。例如，早在1995年，广州市宗教界在广州市宗教局的组织下，为支持少数民族地区，成立了"广州市宗教界支持民族教育委员会"，并在当年5月底，在国家民委和有关部门的协调下，经过广州市宗教界的认真审定，将募集的220余万元人民币分别捐赠给广西、西藏、新疆、宁夏、内蒙古等民族地区的五所小学。其中广州市天主教捐资9万人民币，该项活动被评为"1996年中国宗教十大新闻"之一，受到社会各界好评。广州教区组织义工人员定时到老人院、慧灵学校、麻风病院探访。节假日期间，教会组织人员到慧灵训练中心探望智障人士，并在堂区举行义卖为其筹集善款。广州市天主教爱国会近年举办的"关爱外来务工家庭自闭症儿童"活动，也取得很好的社会影响。在新冠肺炎疫情期间，广州教区向广州市慈善会捐赠30万元。

天主教江门教区多年来连续前往探访麻风病人村和麻风病院。探访高明市谭山麻风病人康复新村，送去慰问金、礼物等，并出资为病人做义肢，为病区改善环境卫生；前往崖西麻风病院探访病人，前后送去衣物、食品和慰问金，并帮助增添医疗器械；前往台山市大衿岛麻风病院探访病人，共送去慰问金。在1998年时还为大衿岛麻风病院捐款100万元人民币，添置两台4匹30千瓦的发电机，保证了岛上的供电，并装修了外科室、治疗室、药库以及重病人特护室等。教区还派修女长期驻麻风村服务。珠海市香洲堂慈善爱心义工团队定期前往珠海市博爱老人公寓开展探访慰问活动。

汕头教区在2013年底就成立了汕头市天爱慈善公益基金会，是广东省天主教首个公益慈善基金会，为教会开展公益慈善活动并形成稳定机制搭建了一个重要平台，为和谐社会的建设作出新的贡献。汕头教区每年组织的集体献血每次均达上万毫升，其中黄炳章主教个人无偿献血20次以上，并将每年的圣枝主日作为天主教无偿献血日。教区还长期开办义诊、送医送药下乡，每天在主教座堂门口免费供应茶水点心。同时定期组织教职人员、教友慰问孤寡老人，走访困难教友家庭，提供所需生活物资和慰问金。由于汕头地处东南沿海，当地南澳岛四面环海，岛上居民以渔业捕捞和海产养殖为生，每逢伏季休渔期所有的海上捕捞作业必须停止，为期3个月，渔民便无法出海捕捞，缺少经济来源，为此教会对无收入的渔民提供资金帮扶，助其解困。新冠肺炎疫情期间，汕头教区天爱慈善基金会捐赠30万元用于购买防疫物资，其中海丰县天主教会捐赠爱心款20800元给海丰县红十字会。汕头教区主教座堂应急小组开展便民服务，不定期为教堂场所及周边道路、民居小巷进行喷洒药水消毒杀菌，确保生活环境安全。

湛江和梅州教区定期组织信徒义工到养老院、福利院探访献爱心，每年固定组织医务人员到边远贫困山区免费为病人施医赠药，并定期到老人院、福利院和残疾人活动中心等地进行探望，赠送药品、食品。新冠肺炎疫情期间，河源市天主教会为抗疫爱心捐款给武汉灾区40659元。

深圳教会曾率先相应深圳市政府义务献血的号召，在宗教界树立了良好榜样，深圳市天主教爱国会也因此多次获得"深圳市无偿献血先进集体奖"。深圳市天主教爱国会将每年的圣枝主日作为天主教无偿献血日。近年来，支援新疆喀什贫困大学生和帮扶清远山区少数民族地区助学和扶贫济困约50万元。在新冠肺炎疫情期间，深圳圣安东尼堂先后向香港若瑟堂等堂区捐赠防护口罩5万只。

第三，贯彻落实习近平总书记关于脱贫攻坚工作的重要指示精神，助力广东脱贫攻坚，不断促进天主教与社会主义社会相适应。自2013年广东省宗教界扶贫济困日暨宗教慈善周活动在穗启动以来，广东省天主教"两会"和天主教界人士在内的全省性宗教团体和宗教界踊跃为"广东扶贫济困日"活动捐款，用于支持广东省少数民族地区扶贫生产、洪涝救灾、援藏援疆宗教界人士及牧民培训以及贫困户慰问资助等。同时，广东省天主教"两会"积极响应党委政府号召，坚持中国化方向，发扬优良传统，发动全省天主教界助力精准扶贫工作，参与支持"粤藏同心幼教工程""粤疆同心医疗救治'结石宝宝'"公益项目，参与对口帮扶清远市阳山县秤架村等扶贫济困活动项目，为广东省民族宗教事务委员会扶贫攻坚做出积极贡献，进一步牢固树立了热心公益、服务社会的良好形象，为社会主义社会建设做出积极贡献。

2019年广州教区成立天爱扶老助残协会

2012年甘俊邱主教代表广州教区参加广东扶贫济困活动捐款

2014年慈善日广州教区捐款

2016年广东扶贫济困日广州教区捐款

2018年天主教广州爱心会通过义卖筹集善款捐赠贫困灾区

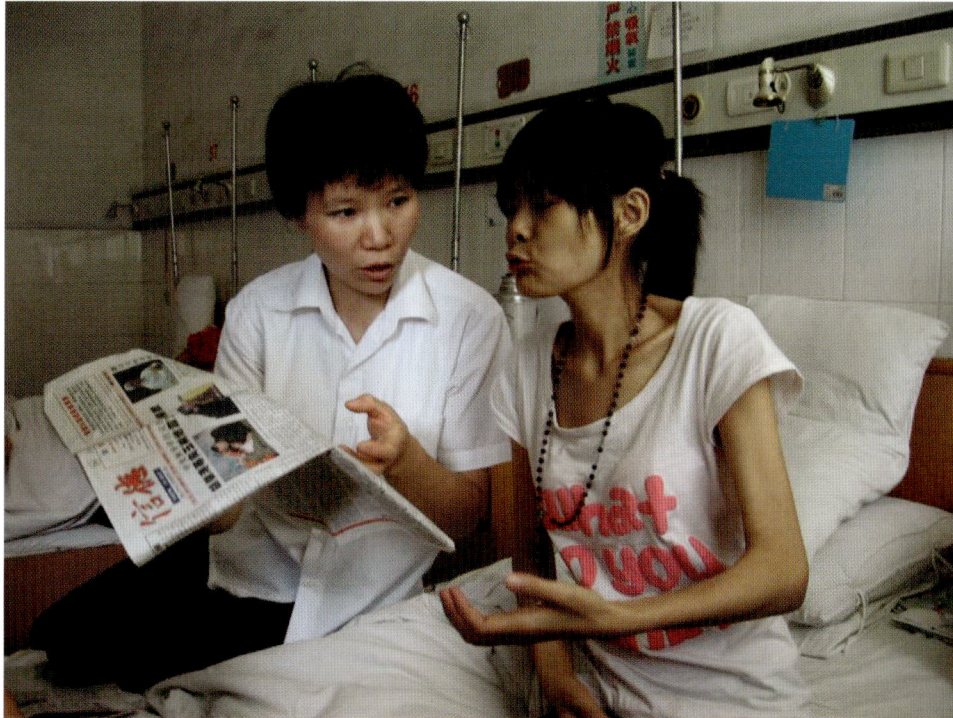

在韶关天主堂服务的一位修女在医院探望一位患绝症者

2018年圣诞前夕，清远市天主教爱国会依照每年的惯例组织神父、修女和教友前往清远市惠灵智障服务机构
进行慰问活动，与学员们互动、交流、唱歌、分享，并送去慰问金和物质一批。

2018年广州市天主教爱心会开展关爱麻风病人活动

惠州圣家堂爱心小组

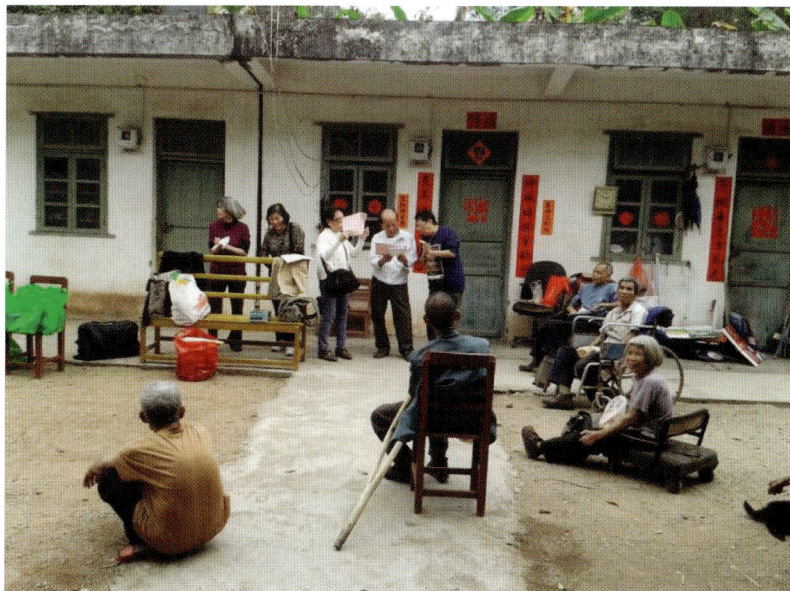

云浮天主堂探望麻风康复留养村的老人

2013年汕头市天主教为四川雅安地震灾区祈祷募捐

2013年黄炳章主教带领在汕头教会服务的神父、修士、修女、歌咏团和全体教友为四川雅安地震灾区捐款。

汕头市天爱公益慈善基金会成立

汕头市天爱公益慈善基金会关爱活动

汕头市天爱公益慈善基金会关爱活动

汕头市天爱公益慈善基金会爱心活动

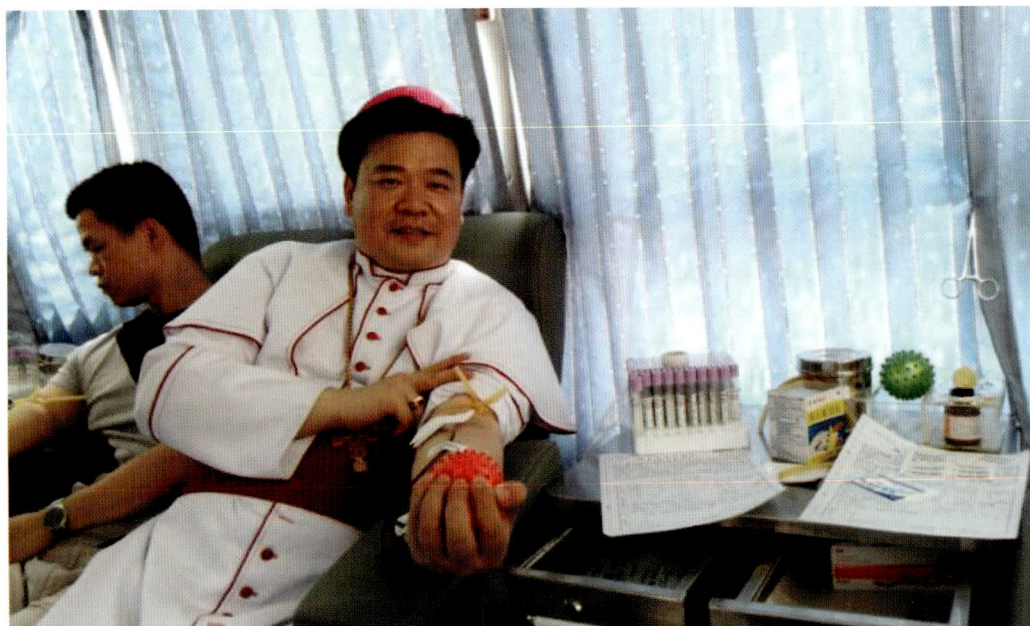

黄炳章主教多年带头无偿献血

汕头天主教组织教徒参加无偿献血爱心活动，汕头教区主教座堂是国内首个组织集体无偿献血的宗教团体。

汕头市天爱公益慈善基金会义工队

黄炳章主教每年不定期带领教友去探访麻风病人

汕头市天主教常年开展免费面包供应

汕头市天主教常年开展免费茶水供应

2013年广东省扶贫济困日，潮州圣母进教之佑天主堂的信徒在捐款。

天主教梅州教区圣心仁爱会在蕉岭县委统战部指导下，开展下乡送医送药活动。

梅州教区廖宏清主教探望贫困家庭

天主教爱心会在揭阳送药品

高州市天主教爱国会代表送爱心送温暖到失独老人家庭

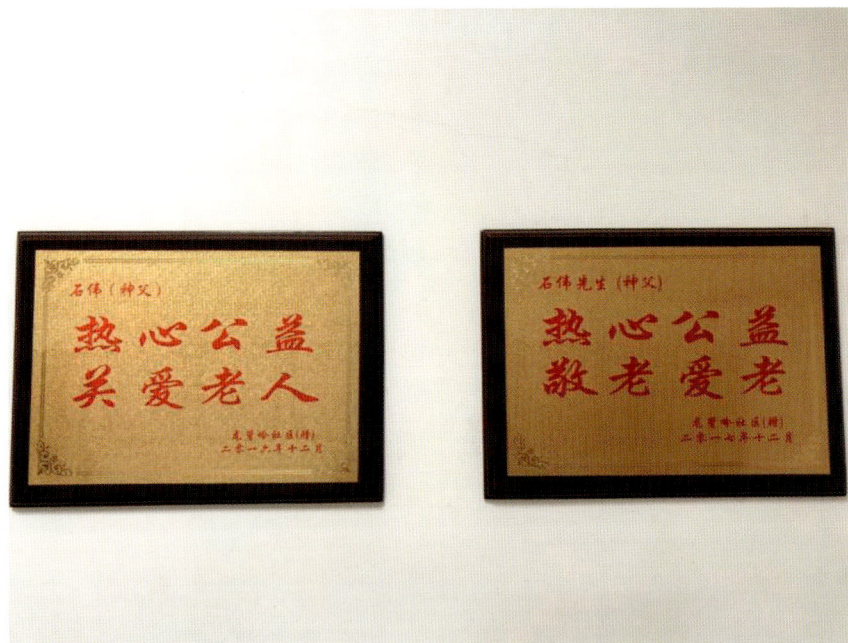

东莞天主教开展关爱老人活动

2017年2月湛江教区苏永大主教与周青云神父往化州茶根麻风村慰问村民和义工，并送去慰问品。

深圳龙华天主堂捐赠衣物给贫困地区

2018年深圳市宝安区天主教爱国会在广西帮扶贫困户

捐给：香港教区若瑟堂区

深港教会，守望相助，
同舟共济，共同抗疫。

✝ 天主教深圳聖安多尼堂
St. Anthony's Catholic Church of Shenzhen

新冠肺炎疫情期间，深圳圣安东尼教堂先后向香港若瑟堂等堂区捐赠防护口罩7万只。

后　记

本书为广东省民族宗教事务委员会主导、广东省民族宗教研究院组织策划的"图说广东民族与宗教"书系之一。

本书的完成，得益于所有慷慨给予帮助和支持的人们。他们中既有宗教事务管理部门的干部，也有爱国宗教团体和教堂堂委会的工作人员，更有素不相识的热心神长、修女和教友们。其中尤其感谢广东省天主教"两会"的协助，感谢广东省天主教"两会"沈旭明秘书长的大力支持。此外，本书所用图片，除作者自己拍摄外，还特别获得了乐瑛、郭平洲、管欣怡等老师以及广东省天主教爱国会提供的图片，在此表示衷心的感谢。

由于时间和篇幅关系，本书难免有遗漏和不足之处，敬请广大读者批评指正。